Spanish Vocabulary Drills

Ronni L. Gordon, PhD
and David M. Stillman, PhD

Mc
Graw
Hill
Education

New York   Chicago   San Francisco   Athens   London   Madrid
Mexico City   Milan   New Delhi   Singapore   Sydney   Toronto

1 2 3 4 5 6 7 8 9 10 11 12 13   QVS/QVS   1 0 9 8 7 6 5 4

ISBN   978-0-07-180500-1
MHID   0-07-180500-1

e-ISBN   978-0-07-180501-8
e-MHID   0-07-180501-X

Library of Congress Control Number 2012938280

McGraw-Hill Education products are available at special quantity discounts to use as premiums and sales promotions or for use in corporate training programs. To contact a representative, please visit the Contact Us pages at www.mhprofessional.com.

This book is printed on acid-free paper.

Companion Flashcard App
Flashcard sets for additional practice can be found in the McGraw-Hill Education Language Lab app. Go to mhlanguagelab.com for details on how to access this free app, which is available for Apple and Android tablet and mobile devices, as well as computer via web browser (best viewed with Chrome or Safari browser).

Contents

Preface

> "When I use a word," Humpty Dumpty said in rather a scornful tone, "it means just
> what I choose it to mean—neither more nor less."
> *Through the Looking Glass*, LEWIS CARROLL

Spanish Vocabulary Drills is designed to provide beginning and intermediate learners of Spanish with essential vocabulary that will enable them to carry on conversations in Spanish, read a wide variety of materials, and write on a broad range of topics in the language. We have selected vocabulary used by the greatest number of speakers in the Spanish-speaking world, and present commonly used alternative words from Spain, Mexico, and other Latin American countries.

Spanish Vocabulary Drills goes beyond the basic vocabulary found in most first- and second-year textbooks. To this basic vocabulary, we have added high-frequency words and expressions that make it possible for learners of Spanish to express themselves effectively and confidently on everyday topics such as food, clothing, the house, the daily routine, work, travel, entertainment, and leisure activities, as well as topics of a higher intellectual level—science, the computer, technology, the economy, and intellectual and spiritual life.

Structure and features

Spanish Vocabulary Drills has 15 chapters, each built around a specific theme. Each chapter has titled sections that present groupings of similar words. Instead of presenting words in isolation, we introduce them in a meaningful context that makes learning and remembering new vocabulary easier and more productive.

Language boxes In each chapter, there are brief lexical, grammatical, and cultural explanations prompted by certain words or expressions presented. These explanations enhance the study of Spanish vocabulary by deepening the learner's appreciation of the language and its culture.

Para hablar un español auténtico and *Refranes, expresiones y citas* These unique sections of idiomatic usage are designed to reinforce and expand the vocabulary presented in the chapter by preparing the learner for interaction with native speakers of Spanish. We include sayings, expressions, and quotations in Spanish that enrich and broaden the learner's knowledge of the Spanish language.

Exercises   The exercises at the end of each chapter help you master the vocabulary introduced. There is a great variety of exercise types from controlled to free expression: multiple choice, fill-in, matching, classification, word families, composition, oral presentation, and translation.

Answer key   An answer key for the exercises facilitates self-study.

App   *Spanish Vocabulary Drills* offers an all-purpose vocabulary app that allows the learner to study 450 words and expressions using digital flashcards. The app is compatible with portable devices, so it can be used anytime, anywhere. Visualization of the words on flashcards increases the learner's ability to remember and internalize new vocabulary. This is a very effective and enjoyable way to learn and review vocabulary. See the copyright page for information on how to access the McGraw-Hill Education Language Lab app.

Spanish Vocabulary Drills gives beginners the words and phrases they need to construct simple paragraphs and oral presentations and furnishes intermediate learners with the lexical tools they need to express themselves in more complex writing tasks and oral presentations on a wide variety of topics. Even the most advanced learners will find this book helpful. User-friendly, it is ideal for learners working on their own or as an ancillary for students using a textbook in a classroom setting. Chapters may be covered in any order, making the book compatible with all texts, types of curricula, and classroom approaches, and facilitating the individualization of vocabulary practice.

~

Our deepest gratitude to Christopher Brown, our editor and publisher par excellence, and dear friend, for his vision, wisdom, and guidance.

We dedicate this book to Alex and Mimi, whose brilliance and love illuminate and inspire every word we write.

Ronni L. Gordon, PhD
David M. Stillman, PhD

1

En la ciudad

In the city

This chapter presents important vocabulary for traveling around the city and shopping. You will learn the Spanish words for places, sights, and stores, and how to ask for and give directions.

Spanish nouns are divided into two broad classes called masculine and feminine. The words that accompany a noun such as *a, the, this, that, good* change their form to reflect the gender of the noun and whether the noun is singular or plural.

The definite article *the* is **el** before a masculine singular noun but **la** before a feminine singular noun. **El** changes to **los** before a masculine plural noun, and **la** becomes **las** before a feminine plural noun.

Where is it?	**¿Dónde queda?**
Where is the bank?	¿Dónde queda el banco?
the arts center	el centro cultural
the bus station	la terminal de autobuses, la estación de autobuses, la central camionera [MEX.]
the cathedral	la catedral
the cemetery	el cementerio
the church	la iglesia
the city hall	el ayuntamiento, la municipalidad
the clinic	la clínica
the concert hall	la sala de conciertos
the consulate	el consulado
the embassy	la embajada

〉〉〉

Quedar means *to be (situated)* and is used to show permanent location, for example, of a building. Spanish verbs change form depending on whether the subject is singular or plural. **Queda** is used when the subject is singular. **Quedan** is used when the subject is plural.

the funeral home	la funeraria
the gym	el gimnasio
the hospital	el hospital
the library	la biblioteca
the (shopping) mall	el centro comercial
the market	el mercado
the mosque	la mezquita
the park	el parque, el bosque
the pawn shop	la casa de empeños [el empeño *pawn*]; el monte de piedad [el monte *mountain, mount*; la piedad *pity*]
the performing arts center	el centro de artes escénicas
the police station	la comisaría (de policía), la delegación (de policía) [MEX.], la comandancia [MEX.]
the post office	el correo
the public garden	el jardín público
the school	la escuela, el colegio
the elementary school	la primaria
the middle school	la escuela media, la secundaria
the high school	la secundaria, la preparatoria [MEX.], el instituto
the school (of a university)	la facultad
the square	la plaza
the main square	la plaza mayor, el zócalo [MEX.]
the stadium	el estadio
the stock exchange	la bolsa de valores
the subway station	la estación de metro [el metro < metropolitano], el subte [< subterráneo] [ARG.]
the synagogue	la sinagoga
the tourist office	la oficina de turismo
the train/railway station	la estación de tren, la estación de ferrocarril
the university	la universidad
the zoo	el (jardín) zoológico

When two nouns are joined by **de** to form a compound noun, the definite article is omitted before the second noun. The order of the nouns is the reverse of their English equivalents: **la oficina de turismo** *tourist office*, **la sala de conciertos** *concert hall*, **la estación de tren** *train station*.

To form the plural, Spanish adds **-s** to nouns ending in a vowel and **-es** to nouns
ending in a consonant.

Where are they?	**¿Dónde quedan?**
Where are the museums?	¿Dónde quedan <u>los museos</u>?
the art galleries	las galerías de arte
the bars	los bares
the cafés	los cafés
the hotels	los hoteles
the Internet cafés	los cibercafés
the movie theaters	los cines
the night clubs	los clubes, los antros [MEX.], las salas de fiestas, los salones [el salón] de fiestas, las discotecas
the restaurants	los restaurantes
the tapas bars	los bares de tapeo
the theaters	los teatros

The indefinite article *a, an* is **un** before a masculine singular noun but **una** before a
feminine singular noun. **Un** changes to **unos** before a masculine plural noun, and
una becomes **unas** before a feminine plural noun.

Stores	**Las tiendas**
Is there a drugstore around here?	¿Hay <u>una farmacia</u> por aquí?
an antique store	una tienda de antigüedades
an appliance store	una tienda de electrodomésticos
a bakery	una panadería
a barber(shop)	una barbería
a beauty supply store (1)	una tienda de belleza, una tienda de cosmética
a bed and breakfast	un alojamiento y desayuno
a bicycle store	una tienda de bicicletas
a bookstore	una librería
a boutique (2)	una boutique, una tienda de moda
a butcher shop	una carnicería
a candy store, a sweet shop	una confitería
a chocolate shop (2)	una tienda de chocolates, una chocolatería ›››

a clothing store	una tienda de ropa
a computer store	una tienda de cómputo
a convenience store	una bodega
a department store	una tienda por/de departamentos, unos grandes almacenes [SP.]
a dry cleaner('s)	una tintorería
an electronics store	una tienda de electrónica
a fish store	una pescadería
a florist, a flower shop	una florería
a fruit store	una tienda de frutas, una frutería
a fruit and vegetable store	una tienda de frutas y verduras
a furniture store	una mueblería
a gas station	una gasolinera
a gift shop	una tienda de regalos
a grocery store	una bodega, una tienda de abarrotes [MEX.], un colmado [P.R.], una pulpería, una tienda de comestibles
a hair salon	una peluquería
a hardware store	una ferretería, una quincallería, una tlapalería [MEX.]
a health food store	una tienda de alimentos naturales
an herb (medicinal) shop	una botánica
a youth hostel	un albergue juvenil
an ice cream shop	una heladería
an inn	una fonda, una posada
a jewelry store	una joyería
a laundromat	un lavadero automático
a law firm	un bufete de abogados
a leather goods store	una tienda de cuero, una tienda de marroquinería [SP.]
a music store	una tienda de música
a newsstand	un quiosco/kiosco de periódicos, un puesto de periódicos
an office supplies store	una tienda de útiles de oficina
an optician('s), an eyeglass store	una óptica

The verb **hay** *there is, there are* can be used with both singular and plural nouns.

»»»

a parking lot, a parking garage	un estacionamiento, un aparcamiento
a pastry shop	una pastelería
a perfume store	una perfumería
a pet store	una tienda de mascotas
a phone store	una tienda de móviles
a real estate agency	una inmobiliaria, una agencia de bienes raíces [la raíz]
a shoe repair shop	una tienda de reparación de calzado, un zapatero
a shoe store	una zapatería
a sports store	una tienda de deportes
a stationery store	una papelería
a supermarket	un supermercado
a superstore, a supercenter	una megatienda, un hipermercado [SP.]
a tobacco shop	una tienda de tabaco, una tabaquería
a toy store	una juguetería
a wine store	una tienda de vinos

Yo *I* is the first-person singular subject pronoun. **Conozco** *I know, I am familiar with* is the first-person singular form (**yo**) of the present tense of the verb **conocer**. The present tense **yo**-form of almost all verbs has the ending **-o**.

Getting to know the city

Para conocer la ciudad

I don't know the city.	Yo no conozco la ciudad.
the avenue	la avenida, la alameda (*tree-lined*)
the boulevard	el bulevar, el paseo, la avenida, la rambla
the building	el edificio
the downtown area	el centro
the historical area/district	el centro histórico, la zona histórica, el distrito histórico
the neighborhood	el barrio, el vecindario, la vecindad, la colonia [MEX.]
the old city, the old town	el casco antiguo, el casco viejo
the street	la calle
the suburbs	las afueras, los suburbios, las cercanías, los arrabales

What you see in the city	Lo que se ve en la ciudad
bicycle lane	la ciclovía, la vía ciclista, el carril de bicicletas, el carril bici [SP.]
block	la manzana [SP.], la cuadra
bus	el autobús, el bus, el camión [MEX.]
construction	la construcción
construction site	las obras, la zona de obras
mailbox	el buzón (de correo)
pedestrian	el peatón, el/la transeúnte
taxi	el taxi
traffic	el tráfico, el tránsito
traffic light	el semáforo

Spanish has two verbs that mean *to be*: **ser** and **estar**. **Estar** is used to express location or position, whether temporary or permanent. It is conjugated in the present tense as follows: **yo estoy, tú estás, él/ella está, nosotros estamos, vosotros estáis, ellos/ellas están.**

Where is it?	¿Dónde está?
The apartment building is <u>nearby</u>.	El edificio de apartamentos está <u>cerca</u>.
here	aquí, acá [LAT. AM.]
around here	por aquí
right here	aquí mismo
near here	aquí cerca
far from here	lejos de aquí
there, over there; way over there	ahí, allí; allá
around there; around there (far away)	por ahí, por allí; por allá
far away	lejos
around the corner	a la vuelta de la esquina
on the corner	en la esquina
next door	al lado
on the left	a la izquierda
on the right	a la derecha
opposite	enfrente
somewhere —⟩	⟨— por algún sitio, por algún lado
straight ahead	derecho, todo derecho

Quiero *I want* is the first-person singular form (**yo**) of the present tense of the verb **querer** (e > ie). **Quiero** means *I want* and is used here before an infinitive, **comprar** *to buy*: **quiero comprar** *I want to buy*.

Going shopping

I want to buy a book.
  aspirin
  a camera
  a computer
  a guidebook
  a magazine
  a newspaper
  some postcards
  a road map

  souvenirs
  stamps
  a street map of the city

Ir de compras

Quiero comprar un libro.
  aspirinas
  una cámara
  una computadora, un ordenador [SP.]
  una guía turística
  una revista
  un periódico, un diario
  unas tarjetas postales
  un mapa de carretera, un mapa carretero,
    un mapa de rutas
  recuerdos
  estampillas, timbres [el timbre] [MEX.], sellos [SP.]
  un plano (de la ciudad), un callejero

Demonstrative adjectives in Spanish agree in gender and number with the nouns they modify. The four forms for *this/these* are **este** (masculine singular), **esta** (feminine singular), **estos** (masculine plural), and **estas** (feminine plural).

What's in this carry-on?

There is a pen in this carry-on.
  a cell phone, a mobile phone
  a credit card
  a driver's license

  money
  a passport
  a wallet

There are documents in this carry-on.
  eyeglasses
  keys
  sunglasses

¿Qué hay en este maletín?

Hay un bolígrafo en este maletín.
  un (teléfono) celular, un (teléfono) móvil
  una tarjeta de crédito
  una licencia de manejar/conducir, un carnet de
    conducir
  dinero, plata
  un pasaporte
  una cartera, un billetero

Hay documentos en este maletín.
  gafas, anteojos, lentes [masc./fem.]
  llaves [la llave]
  gafas de sol, gafas oscuras, lentes de sol

The verb **salir** *to go out, to leave* is connected to the designation of place by the preposition **de: salir del banco, salir de la tienda**. The verb **entrar** *to go in, to enter* is connected to the designation of place by the prepositions **a** or **en: entrar al / en el cine, entrar a/en la oficina.**

Para hablar un español auténtico

to ask directions	pedir (e > i) direcciones [la dirección], preguntar el camino
to give directions	dar direcciones, indicar el camino
to bicycle/bike	andar en bicicleta/bici
to cross the street	cruzar la calle
to eat out-of-doors	comer al aire libre, comer en la terraza
to get into a jam	meterse en un callejón sin salida
to get lost	perderse (e > ie)
to go into the store, to enter the store	entrar en/a la tienda
to go out of the theater, to leave the theater	salir del teatro
to go sightseeing	hacer turismo
to go straight	seguir (e > i) derecho
to go to the first traffic light	ir al primer semáforo
to go window shopping	ir de escaparates, ir a mirar escaparates [el escaparate *store window*]
to take a walk	pasear(se), dar un paseo, dar una vuelta
to take a walk around the city	hacer un recorrido por la ciudad, dar un paseo por la ciudad, caminar por la ciudad
to turn left	doblar a la izquierda
to turn right	doblar a la derecha

There are two contractions in Spanish. The masculine article **el** combines with the preposition **de** to form **del** *of the* and with **a** to form **al** *to the*. These prepositions do not contract with other forms of the definite article: **la, los, las.**

Refranes, expresiones y citas

When in Rome, do as the Romans do. Cuando a Roma fueres, haz como vieres.

«Granada es una ciudad de ocio, una ciudad para la contemplación y la fantasía.»
    FEDERICO GARCÍA LORCA

«No sé cuál es el futuro de las grandes ciudades. Hace 50 años el hombre de provincias hizo fortuna y se radicó en las ciudades; una vez establecido, construye una segunda casa para dejar la ciudad.»
  LUIS BARRAGÁN

«¡La calle! Espectáculo siempre variado y nuevo, siempre concurrido, siempre abierto y franco!»
  EMILIA PARDO BAZÁN

«La arquitectura es el testigo menos sobornable de la historia.»
  OCTAVIO PAZ

Ejercicio 1

Name the type of specialty store where you can buy each item. There may be more than one possible answer.

1. un traje _____
2. aspirinas _____
3. gasolina _____
4. estampillas _____
5. libros _____
6. una calculadora _____
7. un reloj _____
8. manzanas y naranjas _____
9. periódicos y revistas _____
10. rosas y violetas _____
11. gafas oscuras _____
12. pintura _____
13. maquillaje _____
14. pan _____
15. mesas y sillas _____

Ejercicio 2

Name something you can buy in each of these stores.

1. la farmacia _____
2. la tienda de cómputo _____
3. el correo _____

4. el quiosco _____

5. la joyería _____

6. la librería _____

7. la óptica _____

8. la heladería _____

9. la juguetería _____

10. la megatienda _____

11. la tienda de regalos _____

12. la tienda de música _____

Ejercicio 3

Choose the word that does not belong in each group.

1. a. zapatería   b. tienda de ropa   c. peluquería   d. tienda por departamentos

2. a. libros   b. guías   c. llaves   d. mapas

3. a. sinagoga   b. banco   c. iglesia   d. catedral

4. a. bodega   b. cine   c. teatro   d. sala de conciertos

5. a. librería   b. quiosco   c. biblioteca   d. tintorería

6. a. secundaria   b. facultad   c. semáforo   d. colegio

7. a. comisaría   b. pastelería   c. supermercado   d. tienda de comestibles

8. a. teléfono celular   b. bolígrafo   c. cámara digital   d. computadora

9. a. pasaporte   b. licencia de manejar   c. tarjeta de crédito   d. cartera

10. a. colmado   b. calle   c. avenida   d. bulevar

Ejercicio 4

Choose the item you can buy in each of the following stores.

1. en el quiosco

   a. revistas   b. aspirinas   c. guitarras

2. en la tienda de cuero

   a. ciclovías   b. cámaras   c. carteras

3. en la librería

   a. un diccionario   b. un vestido   c. zapatos

4. en la farmacia

    a. televisores   b. champú   c. sofás

5. en la florería

    a. móviles   b. plantas   c. panes

6. en la tienda de útiles de oficina

    a. edificios   b. perfume   c. bolígrafos

7. en la tienda de mascotas

    a. un perro   b. una bicicleta   c. una cuadra

8. en la tienda de música

    a. sellos   b. una flauta   c. un celular

Ejercicio 5

Match each item in the second column with the place where you can buy, see, or do it in the first column.

1. _____ en el cine

2. _____ en la peluquería

3. _____ en la tienda de vinos

4. _____ en la inmobiliaria

5. _____ en el museo de arte

6. _____ en la tienda de alimentos naturales

7. _____ en la pastelería

8. _____ en la tienda de deportes

9. _____ en la sala de conciertos

10. _____ en el aparcamiento

a. ver una película

b. vitaminas

c. zapatos de tenis

d. escuchar música clásica

e. cuadros y estatuas

f. una botella de champán

g. cortarse el pelo

h. estacionar el coche

i. tortas y galletas

j. buscar condominio

Ejercicio 6

In Spanish, list ten places in the city that you would like to visit.

1. _____

2. _____

3. _____

4. _____

5. _____

6. _____

7. _____

8. _____

9. _____

10. _____

Ejercicio 7

Translate the following sentences into Spanish.

1. Where are the theaters and the concert hall?

   _____

2. The performing arts center is in the old city.

   _____

3. What's in the wallet?

   _____

4. There's money and a driver's license.

   _____

5. Is there a florist near here? I'm not familiar with the neighborhood.

   _____

   _____

6. The ice cream shop is opposite the movie theater.

   _____

7. The Stock Exchange is around the corner.

   _____

8. Isn't there a subway station around here?

   _____

9. We need a street map, because we're not familiar with the downtown area.

   _____

   _____

10. The department store and the jewelry store are in the shopping mall.

    _____

    _____

11. If you (tú) want to buy stamps, the post office is next door.

    _____

    _____

12. They leave the apartment building and turn right.

    _____

2

La ropa
Clothing

In this chapter, you will learn the Spanish words for clothing, and how to express your likes, dislikes, and preferences in matters of style, color, and fabric. You will be able to describe what you wear for special occasions.

Necesito *I need*, busco *I'm looking for*, prefiero *I prefer*, and quiero *I want* are first-person singular forms (yo) of the present tense of the verbs necesitar, buscar, preferir (e > ie), and querer (e > ie), respectively.

Footwear

I need shoes.
  boots
  dress shoes
  heels, high-heeled shoes
  loafers
  running/athletic shoes
  sandals
  slippers
  sneakers

El calzado

Necesito zapatos.
  botas
  zapatos de vestir
  zapatos de tacón alto
  mocasines
  zapatos atléticos/deportivos
  sandalias, huaraches [MEX.]
  zapatillas, chanclas, pantuflas
  zapatos de tenis, zapatillas de tenis

Buying clothing

I have to buy a shirt.
  a blouse
  a dress
  a jacket

  jeans

  khakis
  an overcoat

Comprar ropa

Tengo que comprar una camisa.
  una blusa
  un vestido
  un saco, una chaqueta, una chamarra (de aviador)
    [MEX.], una campera (*windbreaker*), una
    americana
  bluejeans [masc.], pantalones [el pantalón] vaqueros,
    tejanos
  pantalones caqui/caquis
  un abrigo

>>>

pants	pantalones, un pantalón
a shirt with French cuffs	una camisa de doble puño / de puño francés
a skirt	una falda
a suit	un traje
a sweater	un suéter, un jersey [SP.], un pulóver
a vest	un chaleco

What are you wearing?

¿Qué lleva?

I wear sport clothes when I work out.	Llevo ropa deportiva cuando hago ejercicio.
a hoodie	una sudadera con capucha
shorts	un pantalón corto
a sweatshirt	una sudadera
a T-shirt	una camiseta

What are you looking for?

¿Qué buscas?

I'm looking for some accessories.	Busco unos accesorios.
a belt	un cinturón
a (baseball) cap	una gorra, un gorro con visera
a cloth cap, a knitted hat	un gorro
a handbag, a purse	un bolso, una bolsa, una cartera
a hat	un sombrero
leggings	polainas, leggings [masc.]
pantyhose	pantimedias, panti(s) [masc.]
a scarf	una bufanda
a shawl	un chal, un rebozo [MEX.]
socks	medias, calcetines [el calcetín] [SP.]
a tie	una corbata
tights	una malla
an umbrella	un paraguas

Ir *to go* is an irregular verb. The **yo** form in the present tense is **voy**. **Ir a** + infinitive is used to refer to future time, as in English *to be going to*.

Underwear and sleepwear

La ropa interior y la ropa de dormir

I'm going to put the underwear in the chest of drawers.	Voy a guardar la ropa interior en la cómoda.
the bathrobes	las batas
the (pair of) boxer shorts	el bóxer

>>>

the bras	los sostenes [el sostén]
the nightgowns	los camisones [el camisón]
the pajamas	el pijama, los pijamas
the underpants (for women)	las bragas, los calzones [el calzón], las pantaletas
the underpants (for men)	los calzoncillos, el bóxer, la trusa, las trusas, el slip

Seasonal clothing / La ropa estacional

We need <u>beachwear</u>.	Necesitamos <u>ropa de playa</u>.
a bathing suit	un traje de baño, un bañador
a beach hat	un sombrero de playa
a beach wrap	un batín, un pareo
a bikini	un bikini/biquini
a fan	un abanico
a straw hat	un sombrero de paja

For rain and snowstorms / Para la lluvia y los temporales de nieve

In bad weather, we wear <u>a parka</u>.	Cuando hace mal tiempo, usamos <u>un anorak</u>.
earmuffs	orejeras
gloves	guantes [masc.]
legwarmers	calentadores [masc.]
long johns	calzoncillos largos
a rain hat	un sombrero de lluvia
a raincoat	un impermeable, una gabardina, una trinchera [SP.]

The verb **ser** *to be* is used to express what material something is made of.

What's it made of? / ¿De qué es?

I want to buy <u>a silk tie</u>.	Quiero comprar <u>una corbata de seda</u>.
corduroy pants	pantalones de pana
a cotton sweatshirt	una sudadera de algodón
a denim skirt	una falda de mezclilla/denim
a flannel shirt	una camisa de franela
leather gloves	guantes de cuero
a linen jacket	una chaqueta de lino
a polyester T-shirt	una camiseta de poliéster
a velvet vest	un chaleco de terciopelo
a woolen cap	un gorro de lana

Gustar *to like* is a verb that typically occurs with an indirect object pronoun. In the English translation of sentences with **gustar**, the Spanish subject corresponds to the English direct object. The English subject corresponds to the Spanish indirect object. **Me gustaría** *I would like* is the conditional tense.

Jewelry

I would like to buy a watch.
  clip-on earrings
  costume jewelry
  a diamond ring
  an emerald bracelet
  an engagement ring
  gold earrings
  handcrafted jewelry
  a jewel
  a pearl necklace
  silver cufflinks

  a wedding ring

La joyería

Me gustaría comprar un reloj.
  unos aretes de clip
  bisutería
  un anillo de diamantes/brillantes
  una pulsera de esmeraldas
  un anillo de compromiso, una sortija de compromiso
  unos aretes de oro, unos pendientes de oro [SP.]
  bisutería artesanal
  una joya, una alhaja
  un collar de perlas
  unos gemelos de plata, unas mancuernillas de plata [MEX.]
  un anillo de boda/casado/matrimonio, una alianza

Formal and casual clothing

She prefers casual clothing.
  designer, haute couture
  formal, dress
  washable

La ropa de etiqueta y la ropa informal

Ella prefiere la ropa informal.
  de alta costura
  de etiqueta, formal
  lavable

Dressing for special occasions

bow tie
bridesmaid's dress
cocktail dress
evening gown

(pocket) handkerchief
strapless dress
tails
tie pin, tie tack
tuxedo
wedding dress

Vestirse para las ocasiones especiales

la corbata de moño, el corbatín
el vestido de dama de honor
el vestido de cóctel
el traje de fiesta/noche/gala, el vestido de fiesta/noche/gala
un pañuelo (de bolsillo)
el vestido sin tirantes
el frac
un alfiler de corbata, un fistol [MEX.]
el esmoquin
el traje de novia/boda, el vestido de novia/boda

Design features

I'm looking for a dress with a belt.
    a back zipper
    buttons
    pleats
    pockets

Las características de diseño

Busco un vestido con <u>cinturón</u>.
    cierre trasero, cremallera trasera [SP.]
    botones [el botón]
    pliegues [el pliegue]
    bolsillos

Spanish uses the construction **se** + verb in third-person (singular or plural) to de-emphasize the performer of the action, like the passive voice in English. The verb is either singular or plural depending on whether the grammatical subject is singular or plural: **se vende ropa** *clothing is sold*, **se venden abrigos** *overcoats are sold*.

Do they sell long-sleeved sweaters here?
    short-sleeved
    turtleneck

¿Se venden suéteres <u>de manga larga</u> aquí?
    de manga corta
    de cuello alto

Demonstrative adjectives in Spanish agree in gender and number with the nouns they modify. The four forms for *that/those* are **ese** (masculine singular), **esa** (feminine singular), **esos** (masculine plural), and **esas** (feminine plural).

Colors

Do you like that white suit?
    beige
    blue
    navy blue
    sky blue
    turquoise (blue)
    brown
    tan
    green
    olive green
    purple
    violet

Los colores

¿Te gusta ese traje <u>blanco</u>?
    beige, beis [SP.]
    azul
    azul marino
    azul celeste
    (azul) turquesa
    marrón, café, pardo
    canela
    verde
    verde oliva
    morado, púrpura
    violeta

We like those red shirts.
    black
    gray
    orange
    pink

Nos gustan esas camisas <u>rojas</u>.
    negras
    grises
    anaranjadas, naranja
    rosadas

>>>

yellow	amarillas
dark-colored	de colores oscuros
light-colored	de colores claros

The color adjectives **violeta**, **púrpura**, **turquesa**, and **beige** are invariable—they do not change form to reflect the gender and number of the noun. **Marrón** and **café** are usually invariable, but also appear in the masculine plural: **marrones** and **cafés**.

Para hablar un español auténtico

children's clothing	la ropa para niños
cuff	el puño (*shirt*), el dobladillo (*pants*)
dressmaker	el/la modista, el costurero
fashion designer, couturier	el diseñador / la diseñadora de moda
fitting room	el probador
lining	el forro
maternity clothing	la ropa de maternidad
a new look	un nuevo look
sale	la rebaja, la barata [MEX.], la oferta
style	el estilo
tailor	el sastre / la sastre/sastra
tailor's shop	la sastrería
to be dressed up	ir vestido de gala
to be in fashion, to be trendy	estar de moda
to be out of style	estar pasado de moda, estar fuera de moda
to be well/badly dressed	estar bien/mal vestido
to be for sale	estar en venta, estar a la venta
to be on sale, to be reduced	estar de rebajas
to fit someone well	quedarle bien
That jacket fits him well.	Esa chaqueta le queda bien.
to get dressed, to dress	vestirse (e > i)
to go shopping	ir de compras
to go window shopping	ir de escaparates, ir a mirar escaparates, mirar escaparates [el escaparate *store window*]
to match, to go with	hacer juego con, combinar
This blouse matches the skirt.	Esta blusa hace juego con la falda.
to put on (an article of clothing)	ponerse (una prenda de vestir)
I'm putting my shoes on.	Me pongo los zapatos.

to sell retail	vender al por menor
to sell wholesale	vender al por mayor
to take off (an article of clothing)	quitarse (una prenda de vestir)
She took off her overcoat.	Ella se quitó el abrigo.
to try on	probarse (o > ue)
Are you trying on the blue suit?	¿Te pruebas el traje azul?
to wear	llevar, usar (to usually wear something)
to wear an article of clothing for the first time	estrenar
She wore her silk suit for the first time.	Ella estrenó su traje de seda.

What is your size? (clothing)	¿Cuál es su talla?
What is your size? (shoe)	¿Cuál es su número?
What size shoe do you wear?	¿Qué número calza Ud.? [calzar to wear shoes]
How much does the outfit cost?	¿Cuánto cuesta el conjunto?
How much do the shoes cost?	¿Cuánto cuestan los zapatos?

Refranes, expresiones y citas

You can't make a silk purse from a sow's ear.	Aunque la mona se vista de seda, mona se queda.
Stick to what you know.	Zapatero a tus zapatos.
Clothes don't make the man.	El hábito no hace al monje.

"La moda se pasa de moda, el estilo jamás."
  COCO CHANEL

"Yo no diseño ropa, diseño sueños."
  RALPH LAUREN

Ejercicio 8

Select the word or phrase from the following list that correctly completes each phrase.

| claro | alto | de diamantes | larga | marino |
| con pliegues | vaqueros | costura | trasero | de tacón alto |

1. un collar _____

2. de color _____

3. de alta _____

4. un vestido _____

5. zapatos _____

6. un cierre _____

7. de manga _____

8. unos pantalones _____

9. de cuello _____

10. azul _____

Ejercicio 9

Choose the word that does not belong in each group.

1. a. saco   b. blazer   c. pulsera   d. chaqueta
2. a. chalecos   b. sandalias   c. zapatillas   d. mocasines
3. a. medias   b. gemelos   c. malla   d. polainas
4. a. bata   b. abanico   c. pijama   d. camisón
5. a. abrigo   b. anorak   c. suéter   d. manga
6. a. guantes   b. pantaletas   c. calzoncillos   d. sostenes
7. a. impermeable   b. paraguas   c. aretes   d. gabardina
8. a. perla   b. oro   c. diamante   d. terciopelo
9. a. sortija   b. bufanda   c. pulsera   d. collar
10. a. marrón   b. canela   c. talla   d. gris

Ejercicio 10

Match each word in the first column with its synonym in the second column.

1. _____ suéter   a. aretes
2. _____ calcetines   b. jersey
3. _____ anillo   c. bluejeans
4. _____ pendientes   d. saco
5. _____ cierre   e. sortija
6. _____ chaqueta   f. traje de baño
7. _____ pantalones vaqueros   g. cremallera
8. _____ bañador   h. medias
9. _____ zapatillas   i. chanclas

Ejercicio 11

Unscramble the letters in each item to find a word related to clothing or jewelry.

1. amcasi   _____   6. oaslb   _____
2. reaarct _____   7. orgor   _____
3. jeart   _____   8. ljreo   _____
4. ursalep _____   9. reecri _____
5. ivdtose _____   10. jtoisra _____

Ejercicio 12

List the Spanish words for articles of clothing, shoes, and accessories you might use in each of the following situations.

1. Hace frío.

_____

_____

2. Un evento formal

_____

_____

3. En la oficina

_____

_____

4. Llueve.

_____

_____

5. Me gusta hacer ejercicio.

_____

_____

6. En la playa

_____

_____

7. A la hora de acostarse

_____

_____

Ejercicio 13

Translate the following sentences into Spanish.

1. *I have to buy a pair of dress shoes.*

_____

2. *Do they sell cotton scarves?*

_____

3. *He's looking for a black wool suit.*

_____

4. *She prefers to wear a long skirt.*

_____

5. *I want to buy a navy blue coat with a belt.*

_____

6. *That green tie doesn't match the yellow shirt.*

_____

7. *I like those diamond necklaces.*

_____

8. *These pants don't fit you (Ud.) well. What is your size?*

_____

9. *We like these gold earrings.*

_____

10. *She's wearing a red turtleneck sweater.*

_____

11. *Would you (tú) like to go window shopping?*

_____

12. *All the designer clothing is reduced.*

_____

13. *She's trying on a velvet dress in the fitting room.*

_____

_____

14. *He's wearing a sweatshirt and an overcoat because it's cold.*

_____

_____

La comida
Food

In this chapter, you will learn the Spanish words for foods and beverages, and you will be able to talk about your food preferences, whether you're dining in or out. You will learn vocabulary to describe the ingredients in a dish, and how food looks, smells, and tastes.

Fish and shellfish

El pescado y el marisco

I like cod.	Me gusta el bacalao.
hake	la merluza
halibut	el hipogloso, el fletán, el halibut
lobster	la langosta
mackerel	la caballa, la macarela
octopus	el pulpo
salmon	el salmón
sea bass	la corvina, el róbalo, la lubina
sole, flounder	el lenguado
squid	el calamar
swordfish	el pez espada
trout	la trucha
tuna	el atún, el bonito

Meat

La carne

I like bacon.	Me gusta el tocino.
beef	la carne de res/vaca/buey
ham	el jamón
lamb	el cordero
pork	el cerdo
red meat	la carne roja
roast beef	el rosbif, la carne asada, la carne al horno [ARG.]
sausage	la salchicha, el embutido, el chorizo
steak	el bistec, el biftec, el filete de carne, el churrasco
veal	la ternera

Poultry

I like chicken.
  duck
  goose
  turkey

More meat and seafood

I like clams.
  anchovies
  cold cuts, luncheon meats
  crab
  hamburgers
  hot dogs
  lamb chops
  meatballs
  mussels
  oysters
  sardines
  shrimp

  snails
  veal chops

La carne de ave

Me gusta el pollo.
  el pato
  el ganso
  el pavo

Más carne y frutos del mar

Me gustan las almejas.
  las anchoas, los boquerones [el boquerón]
  los fiambres
  los cangrejos, las centollas
  las hamburguesas
  los perros calientes
  las chuletas de cordero
  las albóndigas
  los mejillones [el mejillón]
  las ostras, los ostiones [el ostión] [MEX.]
  las sardinas
  los camarones [el camarón], las gambas, los langostinos
  los caracoles
  las chuletas de ternera

Encantar *to love*, like **gustar** *to like*, is a verb that typically occurs with an indirect object pronoun. In the English translation of sentences with **encantar**, the Spanish subject corresponds to the English direct object. The English subject corresponds to the Spanish indirect object.

Bread and dairy

I love bread.
  cheese
  stuffing
  whole grain bread
  yogurt

Fruit

They love coconut.
  lemon

El pan y los lácteos

Me encanta el pan.
  el queso
  el relleno
  el pan integral
  el yogurt, el yogur

La fruta

Les encanta el coco.
  el limón

>>>

lime	la lima, el limón [MEX.]
melon	el melón
pineapple	la piña
quince	el membrillo
watermelon	la sandía, la patilla [COL., VEN.]

They love apples.	Les encantan las manzanas.
apricots	los albaricoques, los damascos
bananas	los plátanos, las bananas, los guineos (green bananas) [P.R., D.R.]
blackberries	las moras, las zarzamoras
blueberries	los arándanos, las moras azules
cherries	las cerezas
dates	los dátiles
figs	los higos
fruit (specific kinds)	las frutas
grapes	las uvas
oranges	las naranjas, las chinas [P.R.]
peaches	los duraznos [LAT. AM.], los melocotones [el melocotón] [SP.]
pears	las peras
plums	las ciruelas
pomegranates	las granadas
prunes	las ciruelas pasas
raisins	las (uvas) pasas
raspberries	las frambuesas
strawberries	las fresas

Spanish has two verbs that mean to be: **ser** and **estar**. **Estar** conveys the idea that the adjective used with it expresses the speaker's subjective impression. **Estar** is used here, because it suggests that the speaker has tasted the food.

Vegetables and grains

Las legumbres y los granos

The corn tastes very good.	El maíz está muy bueno.
The avocado	El aguacate, La palta
The broccoli	El brócoli, El brécol
The brown rice	El arroz integral

>>>

The cabbage	El repollo, El col
The cauliflower	El coliflor
The rice	El arroz
The yam	El ñame

The eggplant tastes delicious!	¡Qué rica está la berenjena!
The potato	la papa, la patata [SP.]
The pumpkin	la calabaza, el zapallo
The squash	la calabaza, la calabacita
The sweet potato	la batata, el camote [MEX.]
The zucchini	la calabacita, el calabacín

The chickpeas are tasty.	Los garbanzos están sabrosos.
The asparagus	Los espárragos
The kidney beans	Los frijoles
The leeks	Los puerros
The peas	Los guisantes, los chícharos [MEX.]
The turnips	Los nabos

The artichokes are delicious!	¡Qué deliciosas están las alcachofas!
The beans	las habas [el haba], las habichuelas, las alubias, los porotos
The beets	las remolachas
The carrots	las zanahorias
The lentils	las lentejas
The peas	las arvejas
The string beans	las judías verdes [SP.], los ejotes [MEX.], las habichuelas tiernas [P.R.]
The vegetables	las legumbres, las hortalizas (*leafy vegetables*), las verduras, los vegetales

---

The plural indefinite article **unos, unas** often means *some* when used before a plural noun.

Salad

La ensalada

I'm going to put some onions in the salad.	Voy a poner unas cebollas en la ensalada.
some celery	apio
some cucumbers	unos pepinos

some lettuce	lechuga
some mushrooms	unos champiñones [el champiñón], unas setas, unos hongos
some olives	unas aceitunas, unas olivas
some parsley	perejil [masc.]
some peppers	unos pimientos, unos pimentones [el pimentón]
some radishes	unos rábanos
some spinach	unas espinacas
some tomatoes	unos tomates, unos jitomates [MEX.]

Herbs and spices — Las hierbas y las especias

Basil gives the food flavor.	La albahaca le da sabor a la comida.
Chili	El chile, El ají
Jalapeño chili pepper	El jalapeño
Cinnamon	La canela
Coriander (leaf)	El cilantro (en hoja)
Mint	La menta
Mustard	La mostaza
Nutmeg (ground)	La nuez moscada (molida)
Pepper	La pimienta, El ají (*hot pepper*)
Rosemary	El romero
Saffron	El azafrán
Sesame	El ajonjolí, El sésamo
Sofrito	El sofrito (*tomato-based sauce with herbs and spices*) [LAT. AM.]
Thyme	El tomillo
Vanilla	La vainilla

Cooking — La cocina

Herbs are important in cooking.	Las hierbas son importantes en la cocina.
Condiments	Los condimentos
Dressings	Los aderezos, Los aliños
Fresh ingredients	Los ingredientes frescos
Gravies	Las salsas
Sauces	Las salsas
Seasonings	Los aderezos, Los aliños, Los condimentos
Stocks/Broths	Los caldos

Recipe ingredients

You have to add <u>the sugar</u>.

the baking powder	la levadura en polvo
the bread crumbs	el pan rallado, el pan molido
the butter	la mantequilla
the cooking/vegetable oil	el aceite vegetal
the egg white	el blanquillo de huevo
the egg yolk	la yema de huevo
the flour	la harina
the garlic	el ajo
the honey	la miel
the jam	la mermelada
the maple syrup	el jarabe de arce, el sirope de arce, la miel de maple
the mayonnaise	la mayonesa
the olive oil	el aceite de oliva
the pepper	la pimienta
the salt	la sal
the vinaigrette	la vinagreta
the vinegar	el vinagre
the yeast	la levadura

Los ingredientes de la receta

Hay que añadir <u>el azúcar</u>.

Food allergies

He's allergic to <u>milk</u>.

almonds	las almendras
dairy products	los productos lácteos
grains	los cereales
nuts	las nueces [la nuez], los frutos secos
peanut butter	la mantequilla de cacahuete, la mantequilla de cacahuate [MEX.], la mantequilla de maní
peanuts	los cacahuetes, los cacahuates [MEX.], los maníes
soy	la soya, la soja

Las alergias alimentarias

Tiene alergia a <u>la leche</u>.

Tasting the food

Would you like to taste <u>the soup</u>?

the French fries	las papas fritas, las patatas fritas [SP.]
the mashed potatoes	el puré de papa(s), el puré de patata(s)
the noodles	los fideos
the spaghetti	el espagueti, los espaguetis
the tapas (light snacks or appetizers)	las tapas [SP.], las botanas [MEX.]

Probar la comida

¿Le gustaría probar <u>la sopa</u>?

Desserts

For dessert, I'm ordering ice cream.	De postre, yo pido el helado.
the apple/pear tart	la torta de manzana/pera, la tarta de manzana/pera
the cake	la torta, el pastel [MEX.], el bizcocho, la tarta
the candies	los caramelos, los dulces, los bombones [el bombón]
the caramel custard, the crème caramel	el flan
the chocolate chip cookies	las galletas con chispas/pepitas de chocolate
the (deep-fried) donut	los churros
the dulce de coco	el dulce de coco ("*coconut candy*," *traditional coconut and milk dessert*)
the dulce de leche	el dulce de leche ("*milk candy*," *traditional milk and sugar dessert*)
the fat-free ice cream	el helado sin grasa
the homemade sherbets	los sorbetes artesanales
the ice pop, the popsicle	la paleta [MEX.]
the quince jelly with cheese	el membrillo con queso [SP.]
the rice pudding	el arroz con leche, el pudín de arroz

What kind of food do you like?
¿Qué tipo de comida te gusta?

Do you like junk food?	¿Te gusta la comida chatarra?
canned food	la comida enlatada / en lata
comfort food, home cooking	la comida casera
fast food	la comida rápida/chatarra
fat-free food	la comida sin grasa / libre de grasa
frozen food	la comida congelada

Is this dish good?
¿Está bueno este plato?

This dish is too salty.	Este plato está demasiado salado.
too bitter	demasiado amargo, demasiado agrio
too spicy, too hot	demasiado picante, demasiado picoso [MEX.]
too sweet	demasiado dulce

This bread is delicious.	Este pan está rico.
crisp, crunchy	crujiente
fresh	fresco
stale	rancio, pasado
tasty	sabroso

It smells so good!

The chicken with rice smells so good!
    The chicken soup
    The chili
    The Spanish omelette
    The stew

¡Qué bien huele!

¡Qué bien huele el arroz con pollo!
    la sopa de pollo/gallina, el caldo de pollo
    el chile con carne
    la tortilla (a la española) [SP.]
    el cocido, el estofado, el guisado, el guiso

Beverages

Do you like wine?
    beer
    beer on tap
    black coffee
    carbonated/sparkling/seltzer water
    champagne
    cider
    coffee
    coffee with milk
    cream
    gin
    hot chocolate
    iced tea
    juice
    lemonade
    milk
    mineral water
    red wine
    rum
    sherry
    sparkling wine
    table wine
    tea
    tequila
    tonic water
    uncarbonated water
    water
    white wine

Las bebidas

¿Te gusta el vino?
    la cerveza
    la cerveza de barril [barril _keg_]
    el café solo
    el agua con gas, el agua gaseosa
    el champaña, el champán
    la sidra
    el café
    el café con leche
    la crema, la nata [SP.]
    la ginebra
    el chocolate caliente
    el té helado
    el jugo, el zumo [SP.]
    la limonada
    la leche
    el agua mineral
    el vino tinto
    el ron
    el jerez
    el vino espumoso/espumante
    el vino de mesa
    el té
    el tequila
    el agua tónica, la tónica
    el agua sin gas
    el agua [fem.]
    el vino blanco

Do you like _soft drinks?_	¿Te gustan _los refrescos?_
fresh fruit drinks	las aguas frescas [MEX., CENT. AM., CARIB.]
milk shakes	los batidos

What's in the basket?

¿Qué hay en la cesta?

There is _a slice of bread_ in the basket.	Hay _una rebanada de pan_ en la cesta.
a baguette	una barra de pan, un pan francés
popcorn	palomitas de maíz [SP.], palomitas [MEX.], rositas/rosetas de maíz [CARIB.], cotufas [VEN.], crispetas [ANDES]
a roll	un bollo, un panecillo, un bolillo
There are _crackers_ in the basket.	Hay _galletas saladas_ en la canasta.
potato chips	patitas, papas fritas

Nuts and dried fruit

Los frutos secos

Pass me the _nuts_, please.	Pásame _los frutos secos_, por favor.
the almonds	las almendras
the dried figs	los higos secos
the hazelnuts, the filberts	las avellanas
the nuts	las nueces [la nuez]
the prunes	las ciruelas pasas
the raisins	las uvas pasas
the seeds	las semillas
the walnuts	las nueces

Let's eat.

Vamos a comer.

Let's _have a sandwich._	Vamos a _tomar un sándwich._
have breakfast	desayunar, tomar el desayuno
have lunch	almorzar (o > ue), tomar el almuerzo
have dinner	cenar, tomar la cena
have a snack	tomar algo, picar (algo), tomar una botana [MEX.]
have an afternoon snack	merendar (e > ie), tomar la merienda, tomar (las) once [CHILE, COL.]
have hors-d'oeuvres	tomar unos entremeses / unas tapas / unas botanas [MEX.]
have a drink	tomar una copa / un trago / una bebida

Para hablar un español auténtico

to be hungry	tener hambre
to be on a diet	estar a régimen
to be thirsty	tener sed
to burp	eructar
to drink	beber, tomar
to eat like a bird	comer como un pajarito
to eat like a king	comer como un rey
to go food shopping	hacer la compra
to have a sweet tooth	tener afición a los dulces, ser goloso
to have seconds, to have a second helping	repetir (e > i)
to look good, to look appealing	tener buena pinta
to pour	verter (e > ie)
to serve	servir (e > i)

We ate Spanish/Mexican/Italian/Chinese food.	Comimos comida española/mexicana/italiana/china.
Today we'll eat leftovers.	Hoy vamos a comer las sobras / los restos de comida.
The waiter brought the menu.	El mesero trajo la carta.
Let's order an appetizer.	Vamos a pedir unos entremeses.
The check, please.	La cuenta, por favor.
I'll leave the tip.	Yo dejo la propina.

Refranes, expresiones y citas

big shots, important people	peces gordos [el pez]
to expect the impossible	pedir peras al olmo [el olmo *elm tree*]
to tell someone to go fly a kite	mandar a freír espárragos

Enjoy your meal!	¡Buen provecho!
Hunger is the best sauce.	A buen hambre no hay pan duro.
It made my mouth water.	Se me hizo agua la boca.
Life is too short to drink bad wine.	La vida es demasiado corta para beber mal vino.
It was a piece of cake.	Fue pan comido.
This dish is finger licking good.	Este plato está para chuparse los dedos.

«Come poco y cena más poco, que la salud de todo el cuerpo se fragua en la oficina del estómago.»
  MIGUEL DE CERVANTES

«Abreviar la cena, prolongar la vida.»
  BENJAMIN FRANKLIN

«El cocinero no es una persona aislada, que vive y trabaja sólo para dar de comer a sus huéspedes. Un cocinero se convierte en artista cuando tiene cosas que decir a través de sus platos, como un pintor en un cuadro.»

JOAN MIRÓ

«El descubrimiento de un nuevo plato contribuye más a la felicidad del género humano que el descubrimiento de una nueva estrella.»

BRILLAT-SAVARIN

Ejercicio 14

Group the following foods into the six categories given.

aguacate	bacalao	cilantro	lechuga	pollo	tocino
albahaca	calabaza	ciruela	lenguado	rosbif	tomillo
albaricoque	canela	cordero	merluza	salmón	zanahoria
atún	cereza	fresa	pato	sandía	
azafrán	chorizo	guisante	pavo	ternera	

	Frutas	Legumbres	Carnes	Pescados	Aves	Especias
1.	_____	_____	_____	_____	_____	_____
2.	_____	_____	_____	_____	_____	_____
3.	_____	_____	_____	_____	_____	_____
4.	_____	_____	_____	_____	_____	_____
5.	_____	_____	_____	_____	_____	_____

Ejercicio 15

In Spanish, list your favorite foods and beverages to create the perfect meal. Include three items for each course.

1. entremeses

_____

_____

_____

2. plato principal (*entrée, main course*)

_____

_____

_____

3. plato acompañante (*side dish*)

_____

_____

_____

4. postre

_____

_____

_____

5. bebida

_____

_____

_____

Ejercicio 16

Choose the word that does not belong in each group.

1. a. rico   b. delicioso   c. asado   d. sabroso

2. a. naranjas   b. garbanzos   c. uvas   d. duraznos

3. a. almorzar   b. desayunar   c. cenar   d. probar

4. a. marisco   b. leche   c. queso   d. mantequilla

5. a. cilantro   b. salchicha   c. vainilla   d. pimienta

6. a. guisantes   b. habas   c. espinacas   d. fideos

7. a. almendras   b. mejillones   c. camarones   d. almejas

8. a. beber   b. comer   c. añadir   d. tomar

9. a. vino   b. aderezo   c. jugo   d. té

10. a. pastel   b. torta   c. galleta   d. batata

Ejercicio 17

Select the phrase from the following list that completes each phrase to form a known expression or proverb.

la compra   no hay pan duro
a los dulces   de huevo
como un pajarito   a freír espárragos
a régimen   la boca
de cacahuate   provecho

1. estar _____

2. comer _____

3. buen _____

4. hacer _____

5. se me hizo agua _____

6. tener afición _____

7. a buen hambre _____

8. mandar _____

9. la yema _____

10. la mantequilla _____

Ejercicio 18

Unscramble the letters in each item to find the mystery food.

1. ahcscailh _____
2. zrundoa _____
3. eagatauc _____
4. tonagals _____
5. hageulc _____

6. roodrce _____
7. sbirmefa _____
8. teciae _____
9. elanca _____
10. salpet _____

Ejercicio 19

Translate the following sentences into Spanish.

1. *We're going to serve wine with the stew.*

_____

2. *Herbs and spices give the food flavor.*

_____

3. *She prefers fat-free food because she's on a diet.*

_____

4. *The meatballs look good.*

_____

5. *The chicken with rice smells so good!*

_____

6. *For dessert, I'm going to order the cake and chocolate ice cream.*

_____

_____

7. *There are fresh strawberries and cherries in the basket.*

_____

_____

8. *Would you (Ud.) like to taste the chicken soup?*

_____

9. *The dish is good but too spicy.*

_____

10. *I love these cheeses.*

_____

11. *The fried flounder is delicious.*

_____

12. *You (tú) have to season the salad.*

_____

13. *I'm hungry. Let's have a snack.*

_____

14. *We like fish, but we don't like shellfish.*

_____

15. *They're allergic to dairy products.*

_____

4

La casa y el hogar
House and home

This chapter presents essential vocabulary to describe your house—the rooms, furniture, and appliances. You'll learn the vocabulary needed to talk about repairs and home improvements. You will also learn the terms for household chores and will be able to tell someone to do them.

The verb **estar** is used to express location or position, whether it is permanent or temporary.

What is the house like?

¿Cómo es la casa?

The dining room is on the right.	El comedor está a la derecha.
The kitchen	La cocina
The living room	La sala de estar, El cuarto de estar, El living, El salón
The study	El estudio

Here is a list of some common adverbs of place:

on the right	a la derecha	*up, upstairs*	arriba
on the left	a la izquierda	*behind*	atrás
down, downstairs	abajo	*close*	cerca
in back	al fondo	*outside*	fuera, afuera
next door, next to	al lado	*far*	lejos

The guest room is on the left.	El cuarto de invitados está a la izquierda.
The family room	El cuarto de estar, La sala de estar, El cuarto de entretenimiento
The master bedroom	La habitación principal, El dormitorio principal
The hall	El pasillo, El corredor, El vestíbulo
The house has twelve rooms.	La casa tiene doce habitaciones.
an attic	un ático, una buhardilla, un desván
a basement	un sótano
five bathrooms	cinco cuartos de baño

›››

six bedrooms	seis dormitorios/recámaras [MEX.]/alcobas/ habitaciones [la habitación]
fifteen closets	quince armarios/roperos/clósets
a garden	un jardín
a laundry room, a utility room	un lavadero, un cuarto de lavabo [MEX.]
a patio	un patio
a pool	una piscina
a staircase	una escalera
a storage room	un trastero
a two-car garage	un garaje para dos coches, una cochera [LAT. AM.] para dos coches

Are they looking for a <u>big</u> house?	¿Buscan una casa <u>grande</u>?
centrally located	céntrica
contemporary	contemporánea
new	nueva

Are they looking for an <u>old</u> house?	¿Buscan una casa <u>vieja</u>?
environmentally friendly	ecológica
open, airy	espaciosa

What is your home like?   ¿Cómo es su hogar?

We have a <u>happy</u> home.	Tenemos un hogar <u>alegre</u>.
calm, peaceful	tranquilo
comfortable	cómodo
cozy	acogedor
welcoming	acogedor, cómodo

The demonstrative adjective **aquel** *that* (removed from both the speaker and the person spoken to), like **este** *this* (near the speaker) and **ese** *that* (near the person spoken to), agrees in gender and number with the noun it modifies. The forms of **aquel** are **aquel** (masculine singular), **aquella** (feminine singular), **aquellos** (masculine plural), and **aquellas** (feminine plural).

What's the house made of?   ¿De qué es la casa?

That house is made of <u>brick</u>.	Aquella casa es de <u>ladrillos</u>.
concrete, cement	hormigón, concreto, cemento
stone	piedra
wood	madera

Iron is being used in the building of the house.	Se usa <u>el hierro</u> en la construcción de la casa.
Fiberglass	la fibra de vidrio
Marble	el mármol
Steel	el acero

Compound nouns that consist of a verb and a noun are masculine: **el abrelatas** (**abrir** + **latas**), **el lavaplatos** (**lavar** + **platos**).

The kitchen

La cocina

Where should we put the kitchen utensils?	¿Dónde debemos poner <u>los utensilios de cocina</u>?
the can opener	el abrelatas
the coffee pot	la cafetera
the frying pan	el/la sartén
the kitchen towel	el paño de cocina, el trapo de cocina
the kitchenware, the kitchen stuff	los trastos de cocina, los trastes de cocina
the pepper shaker	el pimentero
the pot	la cazuela, la olla, la cacerola
the saltshaker	el salero
the set of pots and pans	la batería de cocina
the teapot	la tetera

For most verbs, the affirmative **tú** command is derived from the present indicative **tú** form minus the second-person ending -s: **habl<u>as</u>** > **habl<u>a</u>**, **com<u>es</u>** > **com<u>e</u>**, **sirv<u>es</u>** > **sirv<u>e</u>**.

Appliances

Los electrodomésticos

Look at the grill.	Mira <u>la plancha</u>.
the dishwasher	el lavaplatos, la lavadora de platos, el lavavajillas, la lavadora de vajilla
the food processor	la procesadora
the freezer	el congelador
the kitchen appliances	los electrodomésticos de cocina, los aparatos de cocina
the microwave oven	el microondas
the oven	el horno
the refrigerator	el refrigerador, la nevera, el frigorífico
the sink	el fregadero, la pila, la pileta

〉〉〉

the stove, the range	el horno, la estufa, la cocina
the toaster	la tostadora, el tostador

When *work* means "to function or run," the Spanish verb **funcionar** is used: **el motor no funciona** *the motor isn't working.*

The vacuum cleaner isn't working.	La aspiradora no funciona.
The air conditioning	El aire acondicionado
The dryer	La secadora, El secarropas
The fan	El ventilador
The hair dryer	La secadora de pelo, El secador de pelo
The radio	La radio
The razor, The shaver	La maquinilla de afeitar, La máquina de afeitar, La afeitadora
The television, The TV	El televisor, La televisión, La tele
The washing machine	La máquina de lavar, La lavadora, El lavarropas

---

To form the commands for **Ud.**, change the **-ar** verb ending of the present tense form from **-a** to **-e**, and change the **-er** and **-ir** verb ending of the present tense form from **-e** to **-a**: **habl_a_** > **habl_e_**, **escrib_e_** > **escrib_a_**. Verbs ending in **-car, -gar, -zar** have a spelling change in the command forms for **Ud.**: **coloca** > **coloque** (**colocar**), **paga** > **pague** (**pagar**), **empieza** > **empiece** (**empezar**).

The living room

La sala

Put the furniture over there.	Coloque los muebles allá.
the armchair, the easy chair	el sillón, la butaca
the bookcase	la librería, la estantería, el librero [LAT. AM.]
the coffee table	la mesita de sala, la mesa baja
the couch, the sofa	el sofá
the curtains, the drapes	las cortinas
the desk	el escritorio
the home entertainment system	el equipo de música
the lamp	la lámpara
the rug, the carpet	la alfombra
the wall-to-wall carpet	la moqueta
the window shades, the blinds	la persiana

Hacerle falta a uno *to need something* is a verbal phrase that typically occurs with an indirect object pronoun. In the English translation of sentences with **hacerle falta,** the Spanish subject corresponds to the English direct object and the English subject corresponds to the Spanish indirect object.

The dining room	El comedor
We need a table.	Nos hace falta una mesa.
a chandelier	una araña de luces [la araña *spider,* la luz *light*]
a china cabinet, a display cabinet	una vitrina
a hutch	un aparador
We need some candles.	Nos hacen falta unas velas.
some chairs	unas sillas

If the **yo** form of the present tense is irregular, that irregularity will show up in the **Ud.** command. The imperative ending is added to the stem of the **yo** form: **haga** < **yo hago** (**hacer**), **ponga** < **yo pongo** (**poner**), **tenga** < **yo tengo** (**tener**).

Setting the table	Poner la mesa
Put the plates on the table.	Ponga los platos en la mesa.
the cups	las tazas
the cutlery	el cubierto
the forks	los tenedores
the glasses	los vasos
the knives	los cuchillos
the napkins	las servilletas
the serving dish	la fuente
the set of dishes	la vajilla
the tablecloth	el mantel
the tablespoons	las cucharas
the teaspoons	las cucharitas
the wine glasses	las copas

In Spanish, there are two tenses that refer to past time, the preterit and the imperfect. The preterit tense is used to express past actions that are seen as completed in the past or as having happened once. The endings of the preterit tense of regular -ar verbs are **compré**, **compr**_aste_, **compró**, **compr**_amos_, **compr**_asteis_, **compr**_aron_. The endings of the imperfect tense for -er and -ir verbs have -ía in all forms: **vivía**, **vivías**, **vivía**, **viv**_íamos_, **viv**_íais_, **viv**_ían_.

The bedroom

They bought a bed.

  bed linen

  a bedspread

  a blanket

  a chest of drawers

  a comforter

  a double bed

  a king-size bed

  a mattress

  a mirror

  a pillow

  a queen-size bed

  a single bed

  a sheet

El dormitorio

Compraron una cama.

  ropa de cama

  un cubrecama, un/una sobrecama, una colcha

  una manta, una cobija, una frazada

  una cómoda, una cajonera

  una colcha, un edredón

  una cama doble / de matrimonio / matrimonial

  una cama rey

  un colchón

  un espejo

  una almohada

  una cama reina

  una cama individual

  una sábana

The bathroom

There's a towel.

  a bath towel

  a bathtub

  a cabinet

  a medicine chest/cabinet

  a shower

  a (bathroom) sink

  soap

  a toilet

  toilet paper

  a wastepaper basket

El cuarto de baño

Hay una toalla.

  una toalla de baño

  una bañera, una tina

  un armario de aseo [el aseo personal *personal grooming*]

  un botiquín

  una ducha, una regadera [MEX.]

  un lavabo, un lavamanos, un lavatorio

  jabón [masc.]

  un inodoro, un retrete, un wáter

  papel higiénico [el papel]

  una papelera

the bathroom	el cuarto de baño, el baño, el retrete
to flush the toilet	tirar (de) la cadena, jalar la cadena [MEX.], apretar (e > ie) el botón

Do-it-yourself projects

El bricolaje

Where is the tool?	¿Dónde está la herramienta?
the battery	la pila
the broom	la escoba
the drill	el taladro
the hammer	el martillo
the hoe	la azada
the hose	la manguera
the ladder	la escalera
the pail, the bucket	la cubeta
the paint	la pintura
the rake	el rastrillo
the screwdriver	el destornillador, el desarmador [MEX.]
the shovel	la pala
the wrench	la llave inglesa

Where are the nails?	¿Dónde están los clavos?
the bulbs	las bombillas, los focos
the pliers	los alicates, las tenazas
the scissors	las tijeras
the screws	los tornillos

Repairs

Las reparaciones

They're coming to repair the door.	Vienen para reparar la puerta.
the ceiling	el techo
the faucet	la llave, el grifo
the light	la luz
the lock	la cerradura
the pipes	las tuberías, las cañerías
the roof	el techo
the socket, the plug	el enchufe
the wall (exterior)	la muralla, el muro
the wall (interior)	la pared
the window	la ventana

Possessive adjectives in Spanish agree with the noun they modify. Those referring to singular pronouns and the third-person plural have only two forms, a singular and a plural: **mi/mis** (yo), **tu/tus** (tú), **su/sus** (él/ella/Ud.), **su/sus** (ellos/ellas/Uds.). The possessive adjectives **nuestro/nuestra** and **vuestro/vuestra** agree in gender as well as in number: **nuestro/nuestra/nuestros/nuestras** (nosotros), **vuestro/vuestra/vuestros/vuestras** (vosotros).

Workers
Los trabajadores

Our <u>carpenter</u> is very reliable.   Nuestro <u>carpintero</u> es muy responsable.

electrician	electricista
gardener	jardinero
handyman	empleado de mantenimiento, mozo [MEX.], manitas [masc.] [SP.]
mason	albañil, mampostero
painter	pintor
plumber	plomero, fontanero
repairman	reparador
roofer	techador
worker	trabajador, obrero

Interesar *to interest* is a verb that often occurs with an indirect object pronoun. In the English translation of sentences with **interesar**, the Spanish subject corresponds to the English direct object. The English subject corresponds to the Spanish indirect object.

Trades
Los oficios

They are interested in <u>carpentry</u>.   Les interesa <u>la carpintería</u>.

interior design	el diseño interior
masonry	la albañilería, la mampostería
painting	la pintura
plumbing	la plomería, la fontanería
roofing	el techado
woodworking	la ebanistería

The verb **pensar** (e > ie) *to think* is used in a verb + infinitive construction to mean *to intend to do something*: **piensa vender su condominio** *he intends to sell his condominium.*

Modernizing a room

We intend to paint the room.
 to carpet
 to decorate
 to modernize
 to soundproof
 to wallpaper

Modernizar un cuarto

Pensamos pintar el cuarto.
 tapizar
 decorar
 modernizar, actualizar
 insonorizar, aislar acústicamente
 empapelar

Dangers and damages

Oh, my goodness! There's smoke.
 a clog
 a fire
 a hole
 a leak
 mold, mildew
 a short circuit

Los peligros y los daños

¡Ay, Dios mío! Hay humo.
 un atasco
 un fuego, un incendio
 un agujero, un hueco
 una fuga, una gotera
 moho
 un cortocircuito

Some problems with the house

The bathroom drain is clogged.
The bulb blew.

A fuse blew.
The light has gone out.
The toilet is clogged.

Unos problemas con la casa

El desagüe del baño está tapado.
La bombilla está fundida. [fundir *to burn out*] /
 El foco está quemado. [quemar *to burn, to burn out*]
Se quemó un fusible.
La luz se ha apagado.
El baño está tapado/atascado. / El inodoro está
 tapado/atascado.

Housing

They're going to move to a house.
 an apartment

 an apartment building
 a condominium
 a cottage
 a country house, a summer house

La vivienda

Van a mudarse a una casa.
 un apartamento, un departamento [MEX.],
  un piso [SP.]
 un edificio de apartamentos/departamentos
 un condominio
 un bungalow, un chalé
 una casa de campo

>>>

a multi-family dwelling	una vivienda multifamiliar
a private house	una casa particular, una vivienda aislada
a retirement community	una comunidad para jubilados, una residencia de ancianos, una residencia de la tercera edad [SP.]
a townhouse, a townhome	una casa en serie, una vivienda en serie
a two-story house	una casa de dos pisos
They used to live on <u>an estate</u>.	Vivían en <u>una hacienda</u>.
a farm	una finca, una estancia, una granja
a ranch	una hacienda, una estancia, una finca, un rancho

Buying and renting — Comprar y alquilar

the mortgage	la hipoteca
to move	mudarse, cambiar de casa
the real estate agency	la agencia inmobiliaria, la agencia de bienes raíces [la raíz *root*]
the rent	la renta, el alquiler
to rent (an apartment)	alquilar, arrendar, rentar (un apartamento)
the roommate, the apartment mate	el compañero de cuarto / de apartamento
the tenant, the renter	el inquilino, el arrendatario

Tocarle a uno *to be someone's turn* is a verbal phrase that typically occurs with an indirect object pronoun. A prepositional phrase consisting of **a** + the corresponding stressed pronoun (**a mí, a ti, a él, a ella, a Ud., a nosotros, a vosotros, a ellos, a ellas, a Uds.**) is added to the sentence when the speaker wants to focus on the indirect object pronoun.

Household chores — Las tareas del hogar

It's my turn <u>to cook</u>.	Me toca a mí <u>cocinar</u>.
to clean the floor	limpiar el piso
to clear the table	levantar la mesa
to do food shopping	hacer la compra
to do the gardening	hacer jardinería, cuidar el jardín
to do the household chores	hacer las tareas del hogar, hacer las tareas de la casa, hacer los quehaceres domésticos
to do the laundry	lavar la ropa
to dry the dishes	secar los platos
to dust	limpiar el polvo, quitar el polvo [el polvo *dust*] >>>

to iron	planchar la ropa
to make the bed	hacer la cama
to make dinner	hacer la cena
to mow the lawn	cortar el césped / la grama
to put the house in order	arreglar la casa
to rake the leaves	rastrillar las hojas, juntar las hojas
to recycle the newspapers	reciclar los periódicos
to set the table	poner la mesa
to sweep	barrer
to take out the garbage	sacar la basura
to tidy up	poner las cosas en orden
to vacuum	pasar la aspiradora
to wash the dishes	lavar los platos, fregar (e > ie) los platos
to water the plants	regar (e > ie) las plantas

Para hablar un español auténtico

They unloaded the furniture from the moving van.	Descargaron los muebles del camión de mudanzas.
We bought some big appliances on the Internet to save money.	Compramos unos grandes electrodomésticos por Internet para ahorrar dinero.

Refranes, expresiones y citas

A man's home is his castle.	Mientras en mi casa estoy, rey soy.
Home is where the heart is.	Adonde el corazón se inclina, el pie camina.
Don't wash your dirty linen in public.	La ropa sucia se lava en casa.

"Un hogar sin libros es como un cuerpo sin alma."
   MIGUEL DE CERVANTES

"Para conocer a la gente hay que ir a su casa."
   GOETHE

"El templo es la construcción por excelencia y después de él sólo lo es la casa."
   ANTONI GAUDÍ

"Cualquier mujer que entienda los problemas de llevar una casa está más cerca de entender los de llevar un país."
   MARGARET THATCHER

Ejercicio 20

Match each word in the first column with its synonym in the second column.

1. _____ nevera   a. dormitorio

2. _____ grifo   b. finca

3. _____ pared   c. foco

4. _____ recámara   d. refrigerador

5. _____ plomero   e. alquiler

6. _____ bombilla   f. muralla

7. _____ agujero   g. mampostería

8. _____ renta   h. llave

9. _____ granja   i. hueco

10. _____ albañilería   j. fontanero

Ejercicio 21

Choose the word that does not belong in each group.

1. a. sala   b. armario   c. cocina   d. comedor

2. a. madera   b. mármol   c. taladro   d. hierro

3. a. manguera   b. sillón   c. sofá   d. butaca

4. a. pintor   b. albañil   c. techador   d. destornillador

5. a. colchón   b. sábana   c. almohada   d. enchufe

6. a. tenedores   b. cuchillos   c. tijeras   d. cucharas

7. a. escalera   b. bañera   c. inodoro   d. ducha

8. a. secadora   b. estantería   c. ventilador   d. aspiradora

9. a. atasco   b. fuego   c. espejo   d. gotera

10. a. carpintero   b. techador   c. electricista d. congelador

Ejercicio 22

Select the word or phrase from the following list that correctly completes each phrase.

acogedor	de música	interior	de cocina
doble	de invitados	de piedra	inmobiliaria
de cuarto	de baño	fundida	tapado

1. la casa _____

2. la bombilla _____

3. el equipo _____

4. los trastos _____

5. un desagüe _____

6. una cama _____

7. nuestro hogar _____

8. el cuarto _____

9. la agencia _____

10. la toalla _____

11. el diseño _____

12. unos compañeros _____

Ejercicio 23

Give a noun phrase (definite article + noun) found in this chapter that is related to each of the following words. There may be more than one possibility for each item.

1. café _____

2. jardín _____

3. pintar _____

4. ropa _____

5. dormir _____

6. sal _____

7. trabajar _____

8. coche _____

9. té _____

10. pimienta _____

11. comer _____

12. secar _____

13. techo _____

14. cocinar _____

15. rentar _____

16. lavar _____

17. reparar _____

18. congelar _____

19. cerrar _____

20. comprar _____

Ejercicio 24

List the Spanish words for the items, people, conditions, or actions you might use in each of the following situations.

1. Comprar unos electrodomésticos para la casa

_____

_____

_____

_____

_____

2. Colocar unos muebles en la sala

_____

_____

_____

_____

_____

3. Poner la mesa

_____

_____

_____

_____

_____

4. Peligros y daños en la casa

_____

_____

_____

_____

_____

5. Se usan unas herramientas.

_____

_____

_____

_____

_____

6. Los trabajadores vienen a hacer reparaciones en la casa.

_____

_____

_____

_____

_____

7. Hago los quehaceres del hogar.

_____

_____

_____

_____

_____

Ejercicio 25

Translate the following sentences into Spanish.

1. *Those houses are made of brick.*

_____

2. *Our house has four bedrooms and three bathrooms.*

_____

_____

3. *The kitchen is on the right and the dining room is on the left.*

_____

_____

4. *They intend to buy a country house.*

_____

5. *We used to live in an apartment and now we live on a ranch.*

_____

_____

6. *I need a hammer, a screwdriver, nails, screws, and wood to repair the doors.*

_____

_____

7. *Put (Ud.) the plates, glasses, and napkins on the table.*

_____

_____

8. *The plumber is coming because the toilet isn't working.*

_____

_____

9. *We have a peaceful and comfortable home.*

_____

10. *They intend to buy furniture for the guest room.*

_____

11. *The kitchen drain is clogged.*

_____

12. *We're interested in do-it-yourself projects like carpentry.*

_____

13. *I like to water the plants, but I don't like to mow the lawn.*

_____

_____

14. *It's his turn to vacuum and her turn to dust.*

_____

La oficina, la computadora, los negocios y la economía

The office, the computer, business, and the economy

This chapter presents vocabulary to describe the office, the functions of the computer, the running of a business, and elements of the economy. You will also learn vocabulary that will enable you to talk about finances, the stock exchange, and marketing, as well as the people who work in these fields.

As Spanish-speaking societies adopted the computer and high tech, many English words were brought into Spanish. For example, **cliquear, escanear, formatear, linkear, chatear**. Spanish verbs such as **subir** and **bajar** took on new meanings to accommodate the new functions: **subir** *to upload* and **bajar** *to download*.

The office	**La oficina**
the answering machine	el contestador automático
to attend the meeting	asistir a la reunión/junta
to call, to make a phone call	llamar, hacer una llamada
(ink) cartridge	el cartucho (de tinta)
cell phone	el (teléfono) celular, el (teléfono) móvil
charger	el cargador
copy machine, photocopier	la fotocopiadora
to dial	marcar
DVD burner	la grabadora / el grabador de DVD, el quemador de DVD
envelope	el sobre
mobile devices	los dispositivos móviles
office	la oficina, el despacho, el bufete (*lawyer's office; also, legal practice*)
paper	el papel
pen	el bolígrafo, la pluma
pencil	el lápiz
printer	la impresora

scanner	el escáner
workstation, cubicle	el puesto de trabajo, la estación, el cubículo

The computer · La computadora

@ sign	la arroba
to attach a file	adjuntar un archivo, anexar un archivo
the attached file	el archivo adjunto
attachment	el (documento) adjunto, el anexo
browser	el navegador
computer	la computadora, el ordenador [SP.]
data processing	el procesamiento de datos
device	el dispositivo
e-mail	el correo electrónico, el e-mail
file	el archivo
folder	la carpeta
to go online	entrar en línea
the Internet	el/la Internet, el/la internet, la Red, la red
junk mail, spam	el correo basura, el spam
keyboard	el teclado
laptop	la computadora portátil, el laptop
link	el enlace, el link, el vínculo
memory card	la tarjeta de memoria
screen	la pantalla, el monitor
to scroll down	desplazar hacia abajo
to scroll up	desplazar hacia arriba
search engine	el buscador, el servidor de búsqueda
toolbar	la barra de herramientas
website	el sitio web
word processing	el procesamiento de textos

The verb **coger** *to get, to take, to grasp* is taboo in many Spanish-speaking countries, including Argentina and parts of Mexico. It is usually replaced by **tomar** or **agarrar**. Compounds of **coger**, such as **recoger** *to collect, to gather*, are also not used.

At the office · En la oficina

It's necessary <u>to make copies</u>.	Es necesario <u>sacar copias</u>.
to access e-mail	acceder al correo electrónico
to attach a file	adjuntar un archivo, anexar un archivo >>>

to click	hacer clic, cliquear
to create a database	crear una base de datos
to create a file	crear un archivo
to download	bajar, descargar
to gather data	recopilar datos, recoger datos
to input data	entrar datos, introducir datos
to keep in touch through social media	mantenerse en contacto a través de los medios sociales
to log in	iniciar (la) sesión, hacer un login
to log off/out	cerrar (la) sesión, hacer un logoff
to make a backup copy	hacer una copia de seguridad, realizar una copia de seguridad
to open a file	abrir un archivo
to open a folder	abrir una carpeta
to press the key	pulsar el botón, oprimir el botón
to print the report	imprimir el informe
to send a fax	mandar/enviar un fax
to send a text message	mandar/enviar un mensaje de texto
to surf the Web/Internet	navegar por/en la Red, navegar por/en (el/la) Internet, navegar por/en la web
to text	textear
to tweet	tuitear
to upload	subir

Banking

La banca

bank	el banco
bank account	la cuenta bancaria
bank card	la tarjeta bancaria
bill (currency)	el billete
bill (to pay)	la cuenta, la factura
bounced check	el cheque sin fondos
cash	el dinero en efectivo
to cash a check	cobrar un cheque
check	el cheque, el talón
checkbook	la chequera, el talonario
checking account	la cuenta corriente
to deposit	depositar, ingresar, hacer un depósito
e-banking	la banca electrónica
to endorse the check	endosar el cheque

interest	el interés
loan	el préstamo
money	el dinero, la plata, los fondos
savings account	la cuenta de ahorros
to withdraw money	sacar dinero/fondos, retirar dinero/fondos
to write a check	hacer/girar/llenar un cheque

Who is attending the meeting?   ¿Quién asiste a la reunión?

<u>*The boss*</u> *is attending the meeting.*	<u>El jefe / La jefa</u> asiste a la reunión.
The CEO (*chief executive officer*)	El director ejecutivo / La directora ejecutiva
The CFO (*chief financial officer*)	El director financiero / La directora financiera
The CIO (*chief information officer*)	El director / La directora de informática
The COO (*chief operating/operations officer*)	El director / La directora de operaciones
The CTO (*chief technology officer*)	El director / La directora de tecnología
The consultant	El asesor / La asesora, El consultor / La consultora
The executive secretary	El secretario de dirección
The financial advisor	El asesor financiero / La asesora financiera
The manager	El gerente / La gerente/gerenta, El administrador / La administradora
The project manager	El director / La directora de proyecto, El gerente / La gerente de proyecto, El jefe / La jefa de proyecto, El líder de proyecto, El encargado / La encargada de proyecto, El gestor / La gestora de proyecto
The receptionist	El/La recepcionista
The secretary	El secretario
The web administrator	El administrador / La administradora de sitios web

Who has just left?   ¿Quién acaba de salir?

<u>*The employees*</u> *have just left.*	<u>Los empleados</u> acaban de salir.
The analysts	Los/Las analistas
The board of directors	Los miembros de la junta directiva
The board of trustees	Los miembros del consejo directivo
The executives	Los ejecutivos
The experts	Los expertos, Los peritos
The managers	Los administradores
The office workers	Los oficinistas, Los empleados de oficina
The partners	Los socios

To increase your Spanish vocabulary, you should learn to look for word families (words that have the same root), for example, **crecer** *to grow*, **el crecimiento** *growth*, **creciente** *growing, increasing*, **crecido** *grown-up, big*.

Business	**Los negocios**
to go bankrupt, to declare bankruptcy	quedar en bancarrota, declarar la quiebra, quebrar
branch, branch office	la sucursal, la filial
budget	el presupuesto
business	la empresa, el negocio
to buy	comprar
cheap	barato
company	la empresa, la compañía, la firma
consulting, consulting firm	la asesoría, la consultoría
consumer	el consumidor / la consumidora
corporation	la corporación, la sociedad anónima
customer	el cliente / la cliente/clienta
decision making	la toma de decisiones
to develop	desarrollar
development	el desarrollo
to draw up a budget	elaborar un presupuesto
earnings	las ganancias
expensive	caro
to fire	despedir (e > i)
to grow	crecer
growth	el crecimiento
to hire	contratar
leadership	el liderazgo
to make a business plan	hacer un plan de negocios
management	la gerencia, la gestión, la administración, el mando
to merge	fusionar
merger	la fusión de empresas
personnel	el personal, la plantilla
price	el precio
profit and loss	las pérdidas y ganancias
retail	al por menor, al detal
salary	el sueldo, el salario
to sell	vender
strike	la huelga

success	el éxito
successful	exitoso
to be successful	tener éxito
supply and demand	la oferta y la demanda
taxes	los impuestos
wholesale	al por mayor

Looking for a job

Buscar empleo

applicant	el candidato / la candidata, el/la aspirante, el/la solicitante
application	la solicitud
to apply for a job	solicitar un empleo
available positions	los puestos disponibles
background	la formación
communication skills	las habilidades comunicativas
computer skills	los conocimientos de informática
cover letter	la carta de motivación
curriculum vitae, CV	el currículum vitae
to interview	entrevistar
job interview	la entrevista de trabajo
job offer	la oferta de trabajo, la oferta de empleo
level of education	el nivel de educación
to meet deadlines	cumplir con fechas límites
to multitask	desempeñar/ejecutar múltiples tareas, llevar a cabo múltiples tareas
professional experience	la experiencia profesional
self-confidence	la autoconfianza, la confianza en sí mismo
to show initiative	mostrar (o > ue) iniciativa
skill set	las habilidades requeridas
to solve problems	resolver (o > ue)/solucionar problemas
to work	trabajar, chambear [MEX.]
Besides being a good candidate, one must know how to sell oneself.	Además de ser buen candidato, hay que saber venderse.

Marketing

El marketing

ad	el anuncio
advertising	la publicidad, la promoción, la propaganda
advertising agency	la agencia de publicidad, la agencia publicitaria
brand	la marca

cost	el costo, el coste
to launch a new product / a publicity campaign	lanzar un nuevo producto / una campaña publicitaria
market	el mercado, la plaza
to market	anunciar, promocionar
marketing	el marketing, el mercadeo, la mercadología, la mercadotecnia, la comercialización
motto, slogan	el lema
press	la prensa
press conference	la rueda de prensa
product	el producto
to promote	promover (o > ue), fomentar
publicity campaign	la campaña publicitaria
sample	la muestra
social media	los medios sociales
to test	poner a prueba

Finance and the stock exchange — Las finanzas y la bolsa de valores

bear market, falling market	la bolsa bajista
bull market, rising market	la bolsa alcista
buying and selling	la compraventa
capital	el capital, el principal
dividend	el dividendo
to finance	aportar fondos, financiar
to invest	invertir (e > ie)
investment	la inversión
investor	el/la inversionista, el inversor / la inversora
market forces	las fuerzas del mercado
portfolio management	la gestión de cartera
to reimburse	reembolsar
reimbursement	el reembolso, el reintegro
risk management	la administración del riesgo
securities	los valores
to sell (off)	vender, poner a la venta
seller	el vendedor / la vendedora
stock portfolio	la cartera de acciones
stockbroker	el/la bolsista, el corredor / la corredora (de acciones/ bolsa)
stockholder	el/la accionista

stocks	las acciones
ups and downs	los altibajos
world market	el mercado mundial/global

Following is a list of **la moneda** *the currency* in Spanish-speaking countries.

España	**el euro**
Argentina	**el peso**
Bolivia	**el boliviano**
Chile	**el peso chileno**
Colombia	**el peso colombiano**
Costa Rica	**el colón**
Cuba	**el peso cubano**
la República Dominicana	**el peso dominicano**
Ecuador	**el dólar (U.S.)**
El Salvador	**el dólar (U.S.)**
Guatemala	**el quetzal**
Honduras	**el lempira**
México	**el peso mexicano**
Nicaragua	**el córdoba**
Panamá	**el balboa, el dólar (U.S.)**
Paraguay	**el guaraní**
Perú	**el sol**
Uruguay	**el peso uruguayo**
Venezuela	**el bolívar**

The economy / La economía

airline industry	la industria de transporte aéreo
auto industry	la industria automovilística, la industria del automóvil
banking industry	la industria bancaria
biotechnology	la biotecnología
capitalism	el capitalismo
cost of living	el costo de la vida
debt	la deuda
to be in debt	estar en deuda
defense industry	la industria militar
deficit	el déficit
employment	el empleo
farming and livestock industry	la industria agropecuaria

food industry	la industria alimentaria/agroalimentaria/alimenticia
free enterprise system	el sistema de libre empresa
free market	el mercado libre
global financial crisis	la crisis económica mundial
goods and services	los bienes y servicios
government program	el programa gubernamental
gross income	los ingresos brutos
growth	el crecimiento, la expansión
housing market	el mercado inmobiliario
income	los ingresos (*from work*), los rendimientos (*from investments*), los réditos (*from investments*), la renta (*from property*)
income tax	el impuesto sobre los ingresos
industry	la industria
iron and steel industry	la industria siderúrgica
job	el trabajo, el empleo, la chamba [MEX.]
job market	el mercado de trabajo, el mercado laboral
leading sector (*cutting edge sector*)	el sector puntero
manufacturing	la fabricación, la manufactura, la elaboración
money	el dinero, la plata [LAT. AM.]
net income	el ingreso neto
oil and petrochemicals industry	la industria petrolera y petroquímica
pharmaceutical industry	la industria farmacéutica
position (*employment*)	el puesto
private sector	el sector privado
to privatize	privatizar
prosperity	la prosperidad
public sector	el sector público
to raise taxes	subir los impuestos, aumentar los impuestos
rate of unemployment	la tasa de desempleo, el índice de desempleo
raw material	la materia prima
recession, downturn, slowdown	la recesión, la contracción económica, la desaceleración económica
service sector, service industry	el sector servicios
Social Security	el Seguro Social
supply and demand	la oferta y la demanda
tax	el impuesto
underemployment	el subempleo
unemployment	el desempleo, el paro, la desocupación [SP.]
utility	la empresa de servicio público

Para hablar un español auténtico

It's not easy to earn a living today.	No es fácil ganarse la vida hoy en día.
He's a businessman. She's a businesswoman.	Es hombre de negocios. Es mujer de negocios.
She earns a lot of money.	Ella gana una fortuna.
What are your short-term goals? And your long-term goals?	¿Cuáles son sus metas a corto plazo? ¿Y sus metas a largo plazo?
He's gradually achieving his professional goals.	Va alcanzando sus objetivos profesionales.
The firm realized impressive economic growth.	La empresa realizó un impresionante crecimiento económico.
The problem requires an innovative solution.	El problema requiere una solución innovadora.
They're trying to overcome their economic hardships.	Tratan de superar sus privaciones económicas.
It's a nonprofit organization.	Es una organización sin fines de lucro.
The boss encourages teamwork.	El jefe impulsa el trabajo en equipo.
He's a mover and shaker.	Es un líder de opinión.
What is my account balance?	¿Cuál es el saldo de mi cuenta?
What is the rate of exchange for the dollar?	¿A cuánto está el dólar?
I want to change five hundred dollars to euros.	Quiero cambiar quinientos dólares en euros.
What is the interest rate?	¿Cuál es la tasa de interés?
It is five percent.	Está a cinco por ciento.

Refranes, expresiones y citas

A fool and his money are soon parted.	El dinero del tonto se escurre pronto.
Money makes the world go round.	El dinero hace bailar al perro.
Money talks.	Poderoso caballero es don Dinero. (FRANCISCO DE QUEVEDO)
Easy come, easy go.	Los dineros del sacristán, cantando se vienen y cantando se van.

«El ordenador nació para resolver problemas que antes no existían.»
  Bill Gates

«Si tus acciones inspiran a otros a soñar más, aprender más, hacer más y ser mejores, eres un líder.»
  Jack Welch

«Mucha gente quiere que el gobierno proteja a los consumidores. Un problema mucho más urgente es proteger a los consumidores del gobierno.»
  Milton Friedman

«En este mundo no hay nada cierto, excepto la muerte y los impuestos.»
  Benjamin Franklin

«La propiedad privada es la mayor garantía de libertad.»
  Friedrich Hayek

Ejercicio 26

Match each word in the first column with its synonym in the second column.

1.	computadora	a. filial
2.	cuenta	b. salario
3.	publicidad	c. promoción
4.	bolsista	d. junta
5.	sucursal	e. ordenador
6.	reunión	f. bancarrota
7.	gestión	g. factura
8.	sueldo	h. gerencia
9.	quiebra	i. corredor
10.	asesor	j. consultor

Ejercicio 27

Complete each phrase so that it expresses the meaning of the English phrase.

1. *teamwork*   el trabajo _____
2. *free enterprise system*   el sistema de _____
3. *a publicity campaign*   una _____ publicitaria
4. *our financial advisor*   _____ financiero
5. *some mobile devices*   unos _____ móviles
6. *supply and demand*   _____ y la demanda
7. *income tax*   _____ sobre los ingresos
8. *the director of information technology*   el director _____
9. *the interest rate*   _____ de interés
10. *the board of directors*   _____ directiva
11. *my checking account*   mi cuenta _____
12. *a nonprofit organization*   una organización _____
13. *my long-term goals*   _____ a largo plazo
14. *data processing*   el procesamiento _____
15. *goods and services*   _____ y servicios
16. *a bull market*   _____ alcista

Ejercicio 28

Select the verb that correctly completes each phrase.

1. _____ a la reunión (contratar / asistir)
2. _____ un presupuesto (elaborar / pagar)
3. _____ el nuevo producto (lanzar / fusionar)
4. _____ al gerente de proyecto (invertir / contratar)
5. _____ en bancarrota (quedar / retirar)
6. _____ una base de datos (crear / despedir)
7. _____ en deuda (cerrar / estar)
8. _____ la marca (girar / promover)
9. _____ el cheque (crear / endosar)

10. _____ en la bolsa (invertir / prestar)

11. _____ la vida (ganar / crecer)

12. _____ un login (introducir / hacer)

Ejercicio 29

Select the word or phrase from the following list that correctly completes each phrase.

corriente	y ganancias	web	anónima
del riesgo	gubernamental	de memoria	de oficina
de acciones	electrónico	del mercado	de opinión

1. los sitios _____

2. la tarjeta _____

3. la cuenta _____

4. el correo _____

5. los empleados _____

6. la sociedad _____

7. las pérdidas _____

8. el líder _____

9. la administración _____

10. la cartera _____

11. el programa _____

12. las fuerzas _____

Ejercicio 30

List the Spanish words for the items, people, conditions, or actions you might use in each of the following situations.

1. La oficina

_____

_____

_____

_____

_____

2. El banco

_____

_____

_____

_____

_____

3. Hablando de la computadora

_____

_____

_____

_____

_____

4. Hablando de la economía

_____

_____

_____

_____

_____

5. Hablando de la bolsa de valores

_____

_____

_____

_____

_____

6. Unas personas que trabajan en la empresa

_____

_____

_____

_____

_____

Ejercicio 31

Translate the following sentences into Spanish.

1. *It's necessary to make a backup copy.*

   _____

2. *I'm going to go online to surf the Internet.*

   _____

3. *We have to gather the data to create a database.*

   _____

4. *The CEO and CFO attended the meeting.*

   _____

5. *He endorsed the checks and cashed them right away.*

   _____

6. *The advertising agency is launching a campaign to promote the new product.*

   _____

   _____

7. *He's just withdrawn money from his savings account.*

   _____

8. *What are your (use Ud.) long-term goals?*

   _____

9. *He got a good position in the firm.*

   _____

10. *I stay in touch with my friends through social media.*

    _____

11. *The cost of living is very high.*

    _____

12. *Do you (Uds.) invest a lot of money in the stock market?*

    _____

    _____

Los viajes, las vacaciones y el ocio
Travel, vacation, and leisure

This chapter presents vocabulary related to airplane, train, and car travel, as well as vacation destinations, sports, and leisure activities. You will learn the Spanish words for the days of the week, months, seasons, and cardinal points, and you'll be able to describe—and complain about—the weather!

The verb **hacer** *to do, to make* is used in many expressions. It is an irregular verb conjugated in the present tense as follows: **yo hago, tú haces, él/ella/Ud. hace, nosotros hacemos, vosotros hacéis, ellos/ellas/Uds. hacen.**

Travel

They want <u>to take a trip</u>.	Quieren <u>hacer un viaje</u>.
to pack (their suitcases)	hacer las maletas
to go on a cruise	hacer un crucero
to go on an excursion/outing	hacer una excursión
to go on a hike	hacer senderismo, hacer una excursión a pie
to go sightseeing	hacer turismo
to take a guided tour	hacer una visita guiada
to take a long walk	hacer una caminata
to take a road trip	hacer un viaje en carro
to travel around the island	hacer un recorrido de la isla
to go around the city	recorrer la ciudad
to go for a ride	dar una vuelta en coche, dar un paseo en coche
to take a boat ride	dar una vuelta en barco/bote/lancha, dar un paseo en barco/bote/lancha
to travel around the country	viajar por el país

Means of transportation — Los medios de transporte

I like to travel <u>by bike</u>.	Me gusta viajar <u>en bicicleta</u>.
by boat	en barco
by bus	en autobús, en camión [MEX.], en bus

⟩⟩⟩

by car	en coche [masc.] [SP.], en carro [LAT. AM.], en automóvil [masc.], en auto
by plane, by airplane	en/por avión
by subway	en metro
by taxi	en taxi
by train	en tren
on foot	a pie

Traveling by airplane — **Viajar por avión**

I prefer <u>business class</u>.	Prefiero <u>la clase ejecutiva</u>.
a connecting flight	un vuelo de conexión
a direct flight	un vuelo directo
a flight with a stopover	un vuelo con escala
a nonstop flight	un vuelo sin escala
a night flight	un vuelo nocturno
standby	el vuelo de última hora / último minuto
an aisle seat	un asiento de pasillo
a window seat	un asiento de ventana

At the airport — **En el aeropuerto**

He's going <u>to get his boarding pass</u>.	Va a <u>sacar la tarjeta de embarque</u>.
to show his passport	mostrar (o > ue) el pasaporte
to check his baggage	facturar el equipaje
to put the luggage on the scale	poner el equipaje en la báscula
to take the carry-on luggage	llevarse el equipaje de mano
to go through security	pasar por el control de seguridad
to go on to the gate	seguir (e > i) a la puerta de embarque
to get on the plane, to board the plane	subir al avión, abordar el avión [MEX.]
to fasten one's seatbelt	abrocharse el cinturón de seguridad, ponerse el cinturón de seguridad
to unfasten one's seatbelt	desabrocharse el cinturón de seguridad
to miss the flight	perder (e > ie) el vuelo
to get off the plane	bajar del avión
to change planes	transbordar, cambiar de avión
to look for terminal B	buscar la terminal B

The present perfect tense in Spanish is similar to its English equivalent. It consists of a conjugated form of the auxiliary verb **haber** *to have* + past participle, which is the form of the verb ending in **-do**: **los pasajeros han bajado del avión** *the passengers have gotten off the plane.*

The plane has taken off.	El avión ha despegado.
The plane has landed.	El avión ha aterrizado.
The plane has arrived at the gate.	El avión ha llegado a la puerta (de embarque).
The flight has been cancelled.	El vuelo ha sido cancelado/anulado.
The flight is full.	El vuelo está completo/lleno.
I like to fly.	Me gusta volar. (volar o > ue)
customs	la aduana
delay	el retraso, la demora
flight attendant	el asistente / la asistente/asistenta de vuelo, el/la auxiliar de vuelo, el azafato / la azafata
luggage tag	la etiqueta
runway	la pista de despegue
scheduled time	la hora prevista
takeoff	el despegue
landing	el aterrizaje
an airplane coming from Chile headed to / bound for the United States	un avión procedente de Chile con destino a Estados Unidos

Traveling by train

Viajar en tren

You have <u>to see the timetable.</u>	Hay que <u>ver el horario.</u>
to arrive on time	llegar a la hora, llegar puntual, llegar a tiempo
to arrive late	llegar con retraso, llegar atrasado
to buy a ticket	comprar un billete [SP.]/boleto [LAT. AM.]/ticket
to buy a round-trip ticket	comprar un billete de ida y vuelta
to get in line at the ticket window	hacer cola en la ventanilla/boletería
to get on the train, to board the train	subir al tren, abordar el tren [MEX.]
to get off the train	bajar del tren
to go to the train station	ir a la estación de tren/ferrocarril
to look at the information board	mirar el tablero / la tabla de salidas y llegadas
to look for the platform	buscar el andén / la plataforma
to reserve a seat	reservar un asiento
to take the high speed train	tomar el tren de alta velocidad
to wait for the train on the platform	esperar el tren en el andén / la plataforma

arrival	la llegada
baggage checkroom	la consigna, la sala de equipaje
bathroom	el aseo
café car	el coche café
cart	el carrito
commuter train, local train	el tren suburbano, el tren de cercanías [SP.]
conductor	el revisor
departure	la salida
dining car, restaurant car	el coche comedor, el buffet
first class; second class	de primera clase; de segunda clase
high-speed train	el tren de alta velocidad, el AVE (Alta Velocidad Española) [SP.]
passenger	el pasajero
sleeping car	el coche-cama, el vagón litera, el coche pullman [LAT. AM.]

Traveling by car — Viajar en carro

battery	la batería
brake	el freno
to brake	frenar
breakdown	la avería
bumper	el parachoques
to change the oil	cambiar el aceite
to check the oil	revisar el aceite
crash	el choque, la colisión
to crash	chocar
to drive	manejar, conducir (yo conduzco)
engine, motor	el motor
to fill the tank	llenar el tanque, llenar el depósito (de gasolina)
flat tire	la llanta pinchada, la rueda pinchada, la llanta ponchada [MEX.]
gas station	la gasolinera
self-service gas station	la gasolinera autoservicio
headlights	las luces [la luz], los faros
highway	la carretera, la autopista, la autovía
horn	la bocina, el claxon, el klaxon
license plate	la matrícula [SP.], la placa [MEX.]
to park	aparcar, estacionar
parking fine	la multa por aparcamiento/estacionamiento indebido
parking lot	el aparcamiento, el estacionamiento, el parqueo

parking ticket	la multa de aparcamiento/estacionamiento
pothole	el bache
to run over	atropellar
seatbelt	el cinturón de seguridad
to skid	patinar, derrapar
to speed	ir a exceso de velocidad
to stall	parar, ahogarse, morirse (o > ue) [MEX.], calarse [SP.]
steering wheel	el volante
tire	la llanta, el neumático, la goma
traffic	el tráfico, el tránsito
trunk	el maletero, la cajuela [MEX.]
turnpike	la carretera/autopista de peaje [el peaje *toll*]
wheel	la rueda
Their car broke down.	Se les descompuso el coche. (descomponérsele a alguien)
The car won't start.	El carro no arranca.
He had a flat tire.	Se le ponchó una llanta.
They ran out of gas.	Se les acabó la gasolina. / Se quedaron sin gasolina.
The motor is making noise.	El motor hace ruido.
The highway is under construction.	La carretera está en construcción. / La carretera está en obras.
We're in the middle of rush hour.	Estamos en plena hora punta. / Estamos en plena hora pico.
There are terrible traffic jams.	Hay tremendos atascos/embotellamientos.
How annoying the backseat driver is!	¡Qué molesto es el pasajero que da órdenes al conductor!

How was your trip?   ¿Qué tal su viaje?

We had a <u>wonderful</u> trip!	¡Tuvimos un viaje <u>maravilloso</u>!
boring	aburrido
great, terrific	estupendo, fabuloso
horrible	horrible, feo, malísimo
memorable	memorable
very long	muy largo, interminable
very short	muy corto
We had an <u>interesting</u> trip!	¡Tuvimos un viaje <u>interesante</u>!
amazing	extraordinario, increíble
enjoyable	divertido

>>>

exciting	emocionante
exhausting	agotador
impressive	impresionante
unforgettable	inolvidable

Weather: the forecast

El tiempo: el pronóstico del tiempo

What's the weather forecast for today?	¿Cuál es el pronóstico del tiempo para hoy? / ¿Cuál es el pronóstico meteorológico para hoy?
What's the weather like?	¿Qué tiempo hace?
It's (very) nice.	Hace (muy) buen tiempo.
It's bad.	Hace mal tiempo.
It's (very) cold.	Hace (mucho) frío.
It's cool.	Hace fresco.

The verb **hacer** *to do, to make* is used in many expressions related to weather. In expressions that use **hace** + noun, an adjective must be used to express "very": **hace frío** *it's cold*, **hace mucho frío** *it's very cold*. For weather expressions that use the verb **estar** *to be* + adjective, an adverb must be used to express "very": **está nublado** *it's cloudy*, **está muy nublado** *it's very cloudy*.

It's hot.	Hace calor.
It's sunny.	Hace sol. / Hay sol.
It's windy.	Hace viento. / Hay viento.
What's the temperature?	¿Qué temperatura hace?
It's ninety degrees (Fahrenheit).	Hace noventa grados.
It's thirty degrees Celsius/centigrade.	Hace treinta grados centígrados.
It's (very) clear.	Está (muy) despejado.
It's cloudy.	Está nublado.
It's drizzling.	Llovizna. / Está lloviznando.
It's hailing.	Graniza. / Está granizando.
It's raining.	Llueve. / Está lloviendo. (llover o > ue)
It's snowing.	Nieva. / Está nevando. (nevar e > ie)
It's thundering.	Truena. / Está tronando. (tronar o > ue)

There's <u>fog</u>.	Hay <u>neblina</u>.
lightning	rayos, relámpagos
rain	lluvia
a shower	un aguacero, un chaparrón, un chubasco
snow	nieve [fem.]
a snowstorm	una nevada, una nevasca
a storm	una tempestad, un temporal

Spanish nouns ending in **-ma** (of Greek origin) are masculine: **el clima, el penta-grama, el poema, el problema, el sistema.**

Climate

This region has a <u>cold</u> climate.	Esta región tiene un clima <u>frío</u>.
hot	caliente, cálido
mild, temperate	templado
dry	seco
humid	húmedo

El clima

The seasons

Are you going to go on vacation in <u>the summer</u>?	¿Vas a ir de vacaciones en <u>el verano</u>?
the autumn	el otoño
the winter	el invierno
the spring	la primavera
It's very hot in summer.	Hace mucho calor en verano.
The winters are cold and humid.	Los inviernos son fríos y húmedos.

Las estaciones

Cardinal points on the compass

north	el norte
south	el sur
east	el este
west	el oeste
northeast	el nordeste, el noreste
northwest	el noroeste
southeast	el sudeste, el sureste
southwest	el sudoeste, el suroeste

Los puntos cardenales de la brújula

In Spanish, the months of the year and the days of the week are not capitalized: **vamos a viajar en marzo** *we're going to travel in March*, **hoy es viernes** *today is Friday*.

The irregular verb **ir** *to go* is conjugated in the preterit as follows: **yo fui, tú fuiste, él/ella/Ud. fue, nosotros fuimos, vosotros fuisteis, ellos/ellas/Uds. fueron**. **Ir** *to go* and **ser** *to be* have the same conjugation in the preterit. Context clarifies whether *to go* or *to be* is meant.

The months of the year

I took a trip in January.
- *February*
- *March*
- *April*
- *May*
- *June*
- *July*
- *August*
- *September*
- *October*
- *November*
- *December*

Los meses del año

Fui de viaje en <u>enero</u>.
- febrero
- marzo
- abril
- mayo
- junio
- julio
- agosto
- septiembre
- octubre
- noviembre
- diciembre

The verb **jugar** (**u** > **ue**) *to play* is followed by the preposition **a** + definite article before the names of sports or games: **jugar al tenis** *to play tennis*. The preposition **a** contracts with the definite article **el**. Some Spanish speakers omit the preposition **a** + definite article: **jugar béisbol** *to play baseball*. **Jugar** should not be confused with **tocar**, which means to play a musical instrument.

Sports and games

They're playing <u>baseball</u>.
- *basketball*
- *board games*

- *cards*
- *checkers*
- *chess*

Los deportes y los juegos

Juegan <u>al béisbol</u>.
- al baloncesto, al básquet
- a los juegos de sociedad, a los juegos de mesa, a los juegos de tablero

- a las cartas
- a las damas
- al ajedrez

>>>

football	al fútbol americano
soccer	al fútbol
tennis	al tenis
videogames	a los videojuegos
volleyball	al vólibol, al voleibol, al vóley

As baseball was adopted by many Latin American countries, a lexicon for baseball came into being. English words were adopted and existing Spanish words took on new meanings. Some verbs were borrowed from English and adapted to the Spanish language (synonyms are in parentheses): **pichear** (**lanzar**) *to pitch*, **cachar**, **cachear** (**atrapar**, **capturar**) *to catch*, **batear** *to bat*, **jitear** (**palear**) *to hit*, **fildear** *to field*, **embasar** *to put on base*.

---

athlete	el/la atleta
ball (baseball, tennis, golf)	la pelota
ball (soccer, basketball, football)	el balón
(base)ball field	el campo de béisbol
baseball player	el jugador / la jugadora de béisbol, el pelotero, el/la beisbolista
baseball season	la temporada de béisbol
basketball hoop	el aro de baloncesto
basketball player	el jugador / la jugadora de baloncesto
bat	el bate
batter	el bateador
to beat	vencer, derrotar
bicycle racing	el ciclismo
bowling	el boliche
boxing	el boxeo
catcher	el receptor, el catcher
champion	el campeón / la campeona
to cheer the team on	animar / dar ánimo / jalear al equipo
cycling	el ciclismo
fan	el aficionado
fencing	la esgrima
football	el fútbol americano
football season	la temporada de fútbol americano
game, match	el partido, el juego

home run	el jonrón
inning	la entrada
jai alai	el jai alai
to keep score	anotar los puntos/tantos
to lose	perder (e > ie)
marathon race	la carrera de maratón
mountain climbing	el alpinismo, el montañismo
pitcher	el lanzador, el pícher, el pitcher
player	el jugador / la jugadora
point	el punto, el tanto
(tennis) racket	la raqueta (de tenis)
referee	el árbitro
to return the ball	devolver (o > ue) la pelota
rock climbing	la escalada
rowing	el remo
runner	el corredor / la corredora
running	el correr
sailing	la navegación a vela
to score a goal	marcar un gol, meter un gol
(electronic) scoreboard	el marcador (electrónico)
to serve the ball	servir (e > i) la pelota
skating	el patinaje [< patinar *to skate*]
skiing	el esquí
team	el equipo
tennis court	la cancha de tenis
tennis player	el jugador / la jugadora de tenis, el/la tenista
to throw the ball	tirar la pelota, lanzar la pelota
umpire	el árbitro
weightlifting	el levantamiento de pesas, la halterofilia
to win	ganar
World Cup (soccer)	la Copa Mundial
World Series	la Serie Mundial
wrestling	la lucha libre
It was a no-score game.	El partido quedó empatado en cero.
The match is tied.	El juego está empatado.

The definite article is used with the days of the week: **regresan el jueves** *they'll return on Thursday*. The definite article is not used after forms of the verb **ser**: **hoy es miércoles** *today is Wednesday*.

The future tense in Spanish is formed by adding the following endings to the infinitive: **-é, -ás, -á, -emos, -éis, -án**. The **ir a** + infinitive construction often replaces the future tense in everyday speech.

Days of the week | Los días de la semana

Days of the week	**Los días de la semana**
We're going to play tennis on Monday.	Vamos a jugar al tenis el lunes.
on Tuesday	el martes
on Wednesday	el miércoles
on Thursday	el jueves
on Friday	el viernes
on Saturday	el sábado
on Sunday	el domingo

In Spanish, ordinal numbers usually precede the noun. **Primero** and **tercero** become **primer** and **tercer** before a masculine singular noun. Cardinal numbers after the noun are generally used above **el décimo** *tenth*. Sometimes cardinal numbers after the noun are used below *tenth*: **jugaron el partido siete** *they played the seventh game*.

Ordinal numbers | Los números ordinales

Ordinal numbers	**Los números ordinales**
On Sunday, the first game will be played.	El domingo se jugará el primer partido.
the second	el segundo
the third	el tercer
the fourth	el cuarto
the fifth	el quinto
the sixth	el sexto
the seventh	el séptimo
the eighth	el octavo
the ninth	el noveno
the tenth	el décimo

Leisure activities

In my free time, I like to read.	En mi tiempo libre, me gusta leer.
to cook	cocinar
to daydream	soñar despierto
to do charity work	hacer voluntariado, ser voluntario
to get together with my friends	reunirme con mis amigos
to go camping	ir de campamento, ir de camping
to go dancing	salir a bailar
to go for a walk	pasear, dar un paseo, salir a caminar
to go shopping	ir de compras
to go to a concert	asistir a un concierto
to go to a crafts fair	ir a una feria de artesanías
to go to a nightclub	ir a un club/pub/antro [MEX.]
to go to the movies	ir al cine
to go to the theater	ir al teatro
to ice skate	patinar sobre hielo
to listen to music	escuchar música
to make a film/video	rodar (o > ue) una película / un video
to paint	pintar
to people-watch	observar a la gente
to play the piano	tocar el piano
to putter, to do projects around the house	hacer bricolaje
to sketch, to draw	dibujar
to ski	esquiar
to surf the Web	navegar (en) la red
to swim	nadar
to take an online class	tomar una clase por Internet / en línea
to take pictures	tomar fotos, sacar fotos
to visit a museum	visitar un museo
to walk my dog	pasear a mi perro
to watch TV	ver tele
to work out	hacer ejercicio
to write poetry	escribir poesía

On vacation — De vacaciones

We plan to spend our vacation at the beach.	Pensamos pasar las vacaciones en la playa.
abroad	en el extranjero
at an archaeological dig	en una excavación arqueológica
at a campground	en un campamento, en un camping

>>>

on a cruise ship	en un crucero
at a seaside resort	en un balneario
on a coffee plantation	en un cafetal
in the country	en el campo
in the desert	en el desierto
in a five-star hotel	en un hotel de cinco estrellas, en un hotel de primera categoría
on an island	en una isla
in the mountains	en la sierra, en las montañas
at the seashore	en la costa

Para hablar un español auténtico

He has many miles as a frequent flyer.	Tiene muchas millas como viajero frecuente.
Do you have accommodations for the weekend?	¿Tiene Ud. alojamiento para el fin de semana?
The hotel has many facilities and amenities.	El hotel tiene muchas instalaciones y amenidades.
What are your hobbies/interests?	¿Qué aficiones tienes? [la afición]
I paint as a hobby.	Pinto por afición.
I'm a music lover.	Soy aficionado/aficionada a la música.

Refranes, expresiones y citas

"Caminante, son tus huellas | el camino, y nada más; | caminante, no hay camino, | se hace camino al andar."

    Antonio Machado

"He descubierto que no hay forma más segura de saber si amas u odias a alguien que hacer un viaje con él."

    Mark Twain

"Si no escalas la montaña, jamás podrás disfrutar el paisaje."

    Pablo Neruda

"El que lee mucho y anda mucho, ve mucho y sabe mucho."

    Miguel de Cervantes

"La vida es como un viaje sin meta. Lo que cuenta es el camino."

    Isabel Allende

"El béisbol es el único terreno donde un hombre puede ser exitoso tres veces de diez y aun así ser considerado excelente."

    Ted Williams

Ejercicio 32

Complete each phrase so that it expresses the meaning of the English phrase.

1. *a nonstop flight*   un vuelo _____

2. *What's the weather like?*   ¿_____ hace?

3. *They play tennis.*   _____ al tenis.

4. *the boarding pass*   la tarjeta _____

5. *the first train*   _____ tren

6. *It's cloudy.*   _____ nublado.

7. *a round-trip ticket*   un billete _____

8. *It's raining.*   Está _____ .

9. *an aisle seat*   un asiento _____

10. *an exhausting trip*   un viaje _____

11. *It's seventy degrees.*   _____ setenta grados.

12. *the third suitcase*   _____ maleta

13. *They're returning on Friday.*   Vuelven _____ .

14. *She's going on vacation in December.*   Va de vacaciones _____ .

15. *security*   el control _____

16. *a mild and dry climate*   un clima _____

17. *Did you travel through the Southwest?*   ¿Viajaste por _____ ?

18. *It's necessary to check the luggage.*   Es necesario _____ .

Ejercicio 33

Use weather and climate expressions to describe each of the following places.

1. Madrid

_____

_____

2. Mexico City

_____

_____

3. el desierto de Atacama

_____

_____

4. San Juan, Puerto Rico

_____

_____

5. Chicago

_____

_____

6. Dallas

_____

_____

Ejercicio 34

List ten things you like to do in your leisure time. Begin each sentence with one of the following: **"Me gusta..."**, **"Me encanta..."**, or **"Me interesa..."**

1. _____
2. _____
3. _____
4. _____
5. _____
6. _____
7. _____
8. _____
9. _____
10. _____

Ejercicio 35

Describe a trip you took. Tell where and when you went, how you prepared for your trip, how you traveled, with whom you traveled, and what you did there. If you prefer, describe a trip you plan to take.

_____

_____

_____

_____

_____

_____

_____

_____

_____

_____

Ejercicio 36

Select the verb that correctly completes each phrase.

1. _____ el avión (asistir / abordar)

2. _____ de vacaciones (ir / recorrer)

3. _____ al ajedrez (jugar / tocar)

4. _____ la tarjeta de embarque (vender / sacar)

5. _____ unos días inolvidables (pasar / visitar)

6. _____ una vuelta en coche (navegar / dar)

7. _____ mucho calor (hacer / estar)

8. _____ el cinturón de seguridad (quedarse / abrocharse)

9. _____ el tren de alta velocidad (despegar / tomar)

10. _____ el vuelo (perder / facturar)

11. _____ sábado (ser / hacer)

12. _____ una visita guiada (hacer / visitar)

Ejercicio 37

Give a noun phrase (definite article + noun) found in this chapter that is related to the verb given.

1. viajar _____

2. volver _____

3. pasear _____

4. aterrizar _____

5. recorrer _____

6. llover _____

7. visitar _____

8. jugar _____

9. cruzar _____

10. nevar _____

11. despegar _____

12. volar _____

13. embarcar _____

14. controlar _____

15. caminar _____

16. ir _____

Ejercicio 38

Unscramble the letters in each item to create words that appear in the chapter.

1. rohraoi   _____
2. dratopi   _____
3. ninrieov   _____
4. texnraeorj   _____

5. genosud   _____
6. eboerrf   _____
7. srtoened   _____
8. mongdio   _____

Ejercicio 39

Complete the following narrative by selecting the missing words or phrases from the following list.

el vuelo	suben	las tarjetas de embarque	inolvidable	aeropuerto
billetes	el despegue	vacaciones	los pasaportes	se abrochan
viajan	facturan	el control de seguridad	toman	escala

Los señores Paz Vargas van de (1.) _____. Ellos (2.) _____

en avión. Ya tienen sus (3.) _____. El día del viaje

(4.) _____ un taxi al (5.) _____ donde sacan

(6.) _____ y (7.) _____ su equipaje. Después, pasan

por (8.) _____ donde el agente les pide (9.) _____.

Después de esperar una hora en la puerta de embarque, los señores (10.) _____

al avión. Hay tantos viajeros y (11.) _____ está completo. Ellos

(12.) _____ el cinturón de seguridad y esperan en la pista

(13.) _____ del avión. Aunque es un vuelo con (14.) _____

y van a estar cansados, los señores creen que va a ser un viaje (15.) _____.

Ejercicio 40

Translate the following sentences into Spanish.

1. *I packed and took a taxi to the airport.*

   _____

2. *You (Ud.) have to show the boarding pass and passport at security.*

   _____

   _____

3. *They bought round-trip tickets.*

_____

4. *The passengers haven't gotten off the plane.*

_____

5. *The flight has been cancelled because of the storm.*

_____

6. *It was an exhausting but very exciting trip.*

_____

7. *What's the weather like? It's cool and cloudy and is raining.*

_____

_____

8. *Do you (tú) intend to take a road trip through the Southwest?*

_____

_____

9. *We leave for the country on Monday and we return on Thursday.*

_____

_____

10. *It's sunny and hot. Why don't we spend the day at the seashore?*

_____

11. *I'll be abroad all summer.*

_____

12. *In their free time, they like to walk their dog.*

_____

13. *Do you (Uds.) play chess?*

_____

14. *It's the fifth day of the tennis matches.*

_____

15. *I'm an art lover.*

_____

La rutina diaria; la educación
The daily routine; education

In this chapter, you will learn vocabulary related to your daily routine, from waking up in the morning to going to sleep at night. You will learn how to describe your feelings and emotions and how to talk about important life events. The vocabulary related to education will enable you to describe your school experiences, fields of study, and favorite teachers.

Most of the verbs we use to talk about our daily routine are pronominal verbs, called reflexive verbs in English. A pronominal verb always has an object pronoun that refers to the subject. Here is the conjugation of **levantarse** *to get up*: **yo me levanto, tú te levantas, él/ella/Ud. se levanta, nosotros nos levantamos, vosotros os levantáis, ellos/ellas/Uds. se levantan.**

The daily routine

One has to get up early.
  to fall asleep
  to get dressed
  to get ready
  to get undressed
  to go to bed
  to wake up

La rutina diaria

Hay que <u>levantarse</u> temprano.
  dormirse (o > ue)
  vestirse (e > i), ponerse la ropa
  arreglarse
  quitarse la ropa, desnudarse
  acostarse (o > ue)
  despertarse (e > ie)

Spanish uses the definite article where English uses the possessive adjective for actions that include articles of clothing or parts of the body: **se lava la cara** *she washes her face.*

Personal grooming

You have to brush your teeth every day.
  to bathe, to take a bath
  to comb your hair
  to floss your teeth

El aseo personal

Hay que <u>cepillarse los dientes</u> todos los días.
  bañarse, darse un baño, tomar un baño
  peinarse
  pasarse el hilo dental, limpiarse con hilo dental >>>

to shave	afeitarse
to shower, to take a shower	ducharse, darse una ducha, tomar una ducha
to wash	lavarse
to wash your face / your hands	lavarse la cara / las manos

She has to brush her hair.	Ella tiene que cepillarse el pelo.
to dry her hair	secarse el pelo
to file her nails	limarse las uñas
to get a haircut	cortarse el pelo
to put on lipstick	pintarse los labios
to put on makeup	maquillarse (la cara), pintarse (la cara)
to shave her legs	afeitarse las piernas
to wash her hair	lavarse el pelo, lavarse la cabeza

Beauty and personal care products — Los productos de belleza y cuidado personal

There is shampoo in the medicine chest.	Hay champú en el botiquín.
an antiperspirant	un antitranspirante, un antiperspirante
a comb	un peine
conditioner	un acondicionador
deodorant	un desodorante
a depilatory	un depilatorio
hair coloring	un tinte para el cabello
a hairbrush	un cepillo para el pelo
a lipstick	un lápiz para los labios
makeup	maquillaje [masc.]
a moisturizing cream	una crema hidratante
mouthwash	un enjuague (bucal) [bucal < boca *mouth*]
nail polish	esmalte de uñas [el esmalte]
perfume	perfume [masc.]
a razor (electric)	una máquina de afeitar (eléctrica), una maquinilla de afeitar, una afeitadora
shaving cream	crema de afeitar
soap	jabón [masc.]
suntan lotion, sunscreen	el bronceador con filtro solar, el protector solar
a toothbrush	un cepillo de dientes
toothpaste	pasta de dientes, pasta dental

There are razor blades in the medicine chest.	Hay hojas de afeitar en el botiquín.
bath oils and salts	aceites y sales de baño [el aceite, la sal] >>>

nail clippers	un cortaúñas
tweezers	una pincita

Spanish reflexive verbs can only show an unidentified or de-emphasized subject with the addition of **uno** (or **una**) to a third-person singular verb: **uno se divierte mucho aquí** *people have a very good time here.*

Feelings and emotions — Los sentimientos y las emociones

People should be <u>happy</u>.	Uno debe <u>alegrarse</u>.
be moved, be touched	emocionarse
calm down	calmarse, tranquilizarse
cheer up	animarse
feel happy	sentirse (e > ie) contento
feel sad	sentirse (e > ie) triste
get excited	entusiasmarse, emocionarse
get interested	interesarse
have a good time	divertirse (e > ie)
laugh	reírse (e > i)
They shouldn't <u>get annoyed</u>.	(Ellos) no deben <u>molestarse</u>.
be disappointed	decepcionarse
be surprised	sorprenderse
complain about everything	quejarse de todo
get angry	enojarse, enfadarse
get bored	aburrirse
get impatient	exasperarse, impacientarse
get insulted	ofenderse
get irritated	irritarse
get scared	asustarse
get upset	alterarse
worry	preocuparse

Health and accidents — La salud y los accidentes

to break (a part of the body)	romperse (una parte del cuerpo), quebrarse (e > ie) (una parte del cuerpo)
to burn (a part of the body)	quemarse (una parte del cuerpo)

to catch a cold	acatarrarse, resfriarse, agarrar un resfriado [MEX.], constiparse [SP.], pescar un resfriado
to faint	desmayarse
to fall down	caerse
to get dizzy	marearse
to get sick	enfermarse
to get the flu	agriparse
to get tired	cansarse
to hurt oneself	hacerse daño
to hurt one's hand	lastimarse la mano
to lie down	echarse, tumbarse, recostarse (o > ue)
to relax	relajarse
to take care of oneself	cuidarse
to twist one's ankle	torcerse (o > ue) el tobillo

Movement

El movimiento

Please come closer.	Haga el favor de <u>acercarse</u>.
go away	irse
go for a walk	pasearse
hurry up	apresurarse, darse prisa
move (be/put in motion)	moverse (o > ue)
move away	alejarse
move over	correrse
sit down	sentarse (e > ie)
stand up	ponerse de pie [SP.], pararse [LAT. AM.]
stay	quedarse
stop	detenerse
turn around	volverse (o > ue), voltearse [LAT. AM.]

Life events

Los acontecimientos de la vida

They hope <u>to fall in love</u>.	Esperan <u>enamorarse</u>.
to register, to enroll (at the university)	matricularse, inscribirse (en la universidad)
not to get divorced	no divorciarse
to get engaged	comprometerse
to graduate	graduarse
to get married (to)	casarse (con)
to move (to their dream home)	mudarse (a su casa de ensueño)
to settle in (into a house)	instalarse (en una casa)

Spanish uses a singular noun for articles of clothing and parts of the body, even with plural subjects, when each person has only one of the mentioned item. When each person has more than one of the mentioned item, Spanish uses a plural noun: **necesitan ponerse el saco** *they need to put on their jackets*, **necesitan ponerse los zapatos** *they need to put on their shoes*.

Clothing

La ropa

They're going <u>to put on their coats</u>.	Van a <u>ponerse el abrigo</u>.
to take off their hats	quitarse el sombrero
to try on their suits	probarse (o > ue) el traje
to button/zip their jackets	abrocharse la chaqueta
to unbutton/unzip their jackets	desabrocharse la chaqueta
to tie their shoes	atarse los zapatos, amarrarse los zapatos
to untie their shoes	desatarse los zapatos, desamarrarse los zapatos

The English verb *to become* has several different translations in Spanish. When *to become* is followed by an adjective, the most common Spanish expression is **ponerse** + adjective. It is used for physical or emotional changes. **Hacerse** and **llegar a ser** are used with nouns expressing profession or adjectives expressing social status. **Volverse** + adjective expresses a sudden, involuntary change.

Expressing changes

Expresar los cambios

I became an architect.	(Yo) me hice arquitecto.
She became an engineer.	(Ella) llegó a ser ingeniera.
We became friends.	Nos hicimos amigos.
They got rich.	(Ellos) se hicieron ricos.
It's getting late.	Se hace tarde.
Did he get angry?	¿Se puso enojado?
She went mad.	Se volvió loca.

The Spanish word **educación**, like its English cognate *education*, refers to schooling. But the Spanish word also means *upbringing, good manners*. The corresponding verb **educar** as in **educar al niño** means *to rear* or *to bring up the child*. A child who is **bien educado** is well brought up, exhibits good behavior. **Una falta de educación** suggests bad manners or behavior.

Education

Students should <u>study hard</u>.
  apply for a scholarship
  do their homework
  get a high school diploma
  get good grades

  go to class
  graduate
  hand in their reports
  learn a lot
  pass their exams

  pay attention
  read their textbooks
  take courses
  take exams
  take five subjects

  take notes
  write compositions

Students should not <u>skip class</u>.
  be absent
  cut class, play hooky
  fail an exam

School and university

school
nursery school

La educación

Los estudiantes deben <u>estudiar duro</u>.
  solicitar una beca
  hacer su tarea, hacer sus deberes [el deber]
  obtener el bachillerato
  sacar buenas notas, sacar buenas calificaciones [la calificación]
  asistir a clase
  graduarse
  entregar sus informes [el informe]
  aprender mucho
  aprobar (o > ue) sus exámenes, salir bien en sus exámenes
  prestar atención
  leer sus libros de texto
  tomar clases/cursos, cursar
  tomar exámenes [el examen], examinarse
  tomar cinco asignaturas/materias, cursar cinco asignaturas/materias
  tomar apuntes [el apunte]
  escribir composiciones [la composición], redactar composiciones

Los estudiantes no deben <u>faltar a clase</u>.
  faltar a clase
  volarse (o > ue) la clase [MEX.], fumarse la clase [SP.]
  salir mal, ser suspendido

La escuela y la universidad

la escuela, el colegio
el prekinder, la guardería, la escuela de párvulos, el jardín infantil, el parvulario

elementary school	la (escuela) primaria
middle school	la escuela media, la secundaria
high school	la secundaria, la preparatoria [MEX.], el instituto
university	la universidad
school (of a university)	la facultad (de una universidad)
preschooler	el párvulo
pupil	el alumno
student	el estudiante / la estudiante/estudianta
auditor	el/la oyente
teacher	el maestro / la maestra, el profesor / la profesora
professor	el profesor / la profesora, el catedrático
tenured professor	el profesor numerario
auditorium, lecture hall	el auditorio, el anfiteatro, el paraninfo, el salón de actos
classroom	el aula [fem.], la sala de clase
college degree	el título universitario
credit	el crédito
doctorate	el doctorado
elective (course)	el curso optativo/electivo
graduate studies	los estudios de posgrado/postgrado
lesson	la lección
master class	la clase magistral
master's degree	la maestría, el máster
online course	el curso en línea
registration	la matrícula
requirement, core course	el curso obligatorio, el requisito
semester	el semestre
fall semester	el semestre de otoño
spring semester	el semestre de primavera
tenure	la permanencia
tuition, registration	la matrícula, el costo de matrícula
to audit a class	asistir como oyente
to get a degree in (+ profession)	recibirse de (+ la profesión)
to major (in a subject)	especializarse (en una materia)
to teach	enseñar

School supplies

The student has a pen.

  books

  a calculator

  a compass

  a computer

  an e-book reader

  a locker

  a marker

  a notebook

  a notepad

  a pencil

  a pencil case

  a pencil sharpener

  a ruler

Los útiles escolares

El estudiante tiene un bolígrafo.

  libros

  una calculadora

  un compás

  una computadora, un ordenador [SP.]

  un lector de libro electrónico

  una taquilla, un casillero, un locker

  un marcador, un rotulador, un subrayador [SP.]

  un cuaderno

  un bloc de papel

  un lápiz

  un lapicero

  un sacapuntas

  una regla

What is Professor Arias like?

He's demanding.

  boring

  brilliant

  cranky

  famous

  lenient

  pleasant, nice

  popular

  respected

  rigid

  scholarly

  smart

  strict

  understanding

  unpleasant

¿Cómo es el profesor Arias?

Es exigente.

  aburrido, pesado

  genial

  malhumorado, irritable

  famoso, célebre

  indulgente

  simpático

  popular

  respetado

  inflexible

  erudito, sabio

  inteligente

  estricto

  comprensivo

  antipático, desagradable

Working in education

She's working in adult education.

  preschool education

  elementary education

  secondary education

Trabajar en la educación

Trabaja en la educación de adultos.

  la educación preescolar, la educación infantil, la educación parvularia

  la educación primaria

  la educación secundaria

                                                           >>>

higher education	la educación superior
distance learning	la educación a distancia

Curriculum

El plan de estudios

I'm most interested in <u>chemistry</u>.	Me interesa más <u>la química</u>.
accounting	la contabilidad
architecture	la arquitectura
art	el arte
biology	la biología
computer science	la informática
dentistry	la odontología
economics	la economía
engineering	la ingeniería
graphic design	el diseño gráfico
history	la historia
hotel management	la hotelería
law	el derecho
medicine	la medicina
music	la música
physics	la física

I'm most interested in <u>mathematics</u>.	Me interesan más <u>las matemáticas</u>.
communications	las comunicaciones
law	las leyes

At the university

En la universidad

Where is <u>the law school</u>, please?	¿Dónde está <u>la facultad de derecho</u>, por favor?
the business school	la facultad de administración de empresas, la facultad de comercio (y gestión)
the medical school	la facultad de medicina
the school of continuing education	la escuela de educación continua, el centro de educación continua
the school of dentistry	la facultad de odontología
the school of engineering	la facultad de ingeniería
the school of fine arts	la facultad de bellas artes
the school of liberal arts	la facultad de filosofía y letras, la facultad de humanidades
the school of political and social sciences	la facultad de ciencias políticas y sociales

| the school of sciences | la facultad de ciencias |
| the school of veterinary medicine | la facultad de medicina veterinaria |

Para hablar un español auténtico

Do you regret your decision?	¿(Ud.) se arrepiente de su decisión? (arrepentirse e > ie)
He doesn't get along with his sister.	(Él) no se lleva bien con su hermana.
I refused to be outdone.	No quise quedarme en menos.
She got into a jam.	Se metió en un callejón sin salida. (callejón sin salida *dead end*)
Did you forget her birthday?	¿Te olvidaste de su cumpleaños?
You don't remember anything.	No te acuerdas de nada. (acordarse o > ue)
They got lost on the highway.	Se perdieron en la carretera. (perderse e > ie)
He gets together with his friends.	Se reúne con sus amigos. (reunirse)
I took advantage of the opportunity.	Me aproveché de la oportunidad.
She's saying good-bye to her colleagues.	Se despide de sus colegas. (despedirse e > i)
Functional illiteracy continues to be a huge problem in many countries.	El analfabetismo funcional sigue siendo un enorme problema en muchos países.

Refranes, expresiones y citas

«El futuro de los niños es siempre hoy. Mañana será tarde.»

GABRIELA MISTRAL

«El arte supremo del maestro consiste en despertar el goce de la expresión creativa del conocimiento.»

ALBERT EINSTEIN

«El trabajo del maestro no consiste tanto en enseñar todo lo aprendible, como en producir en el alumno amor y estima por el conocimiento.»

JOHN LOCKE

«No se puede enseñar nada a un hombre; sólo se le puede ayudar a encontrar la respuesta dentro de sí mismo.»

GALILEO GALILEI

«La libertad es absolutamente necesaria para el progreso en las ciencias y las artes liberales.»

BARUCH SPINOZA

Ejercicio 41

Complete each phrase so that it expresses the meaning of the English phrase.

1. *toothpaste*   la pasta _____

2. *the school of fine arts*   _____ de bellas artes

3. *It's getting late.*   _____ tarde.

4. *a lipstick*   un lápiz _____

5. *to go to class*   asistir _____

6. *distance learning*   _____ a distancia

7. *a hair coloring*   un tinte _____

8. *to major in history*   _____ en historia

9. *to become a businessman*   _____ hombre de negocios

10. *an e-book reader*   _____ de libro electrónico

11. *to apply for a scholarship*   solicitar _____

12. *to pass an exam*   _____ un examen

13. *One should take care of oneself.*   Uno debe _____ .

14. *They're going to get married in July.*   Van a _____ en julio.

15. *dental floss*   _____ dental

Ejercicio 42

Match each verb in the first column with its synonym in the second column.

1. _____ matricularse   a. entusiasmarse

2. _____ tranquilizarse   b. quebrarse

3. _____ romperse   c. ponerse de pie

4. _____ apresurarse   d. impacientarse

5. _____ pararse   e. tumbarse

6. _____ exasperarse   f. inscribirse

7. _____ acatarrarse   g. hacerse daño

8. _____ emocionarse   h. calmarse

9. _____ lastimarse   i. darse prisa

10. _____ echarse   j. resfriarse

Ejercicio 43

Select the verb that correctly completes each phrase.

1. Debe _____ las uñas. (limarse / volverse)

2. Tiene que _____ de sus amigos. (reunirse / despedirse)

3. Hay que _____ las manos con jabón. (lavarse / lastimarse)

4. Necesita _____ el pelo. (probarse / cortarse)

5. ¿No quiere _____ de la oportunidad? (aprovecharse / afeitarse)

6. Espera _____ director de la empresa. (ponerse / hacerse)

7. Ellos no se llevan bien. Van a _____. (divorciarse / comprometerse)

8. Todo está bien. Ella no debe _____. (preocuparse / animarse)

9. Piensan _____ a su casa de ensueño. (mudarse / moverse)

10. Él no se cuida. Cree que va a _____. (decepcionarse / acatarrarse)

Ejercicio 44

Respond in Spanish with the list or description specified for each of the following situations.

1. **La rutina diaria.** List some of the things you do every day, from waking up to going to bed.

_____

_____

_____

_____

2. **Los sentimientos y las emociones.** Describe your feelings and emotions.

_____

_____

_____

_____

3. **Los acontecimientos de la vida.** Tell which life events you want to experience.

_____

_____

_____

_____

4. **La educación.** Describe students, teachers, and courses in a university or school setting.

_____

_____

_____

_____

Ejercicio 45

Unscramble the letters in each item to create words that appear in the chapter.

1. pielocl   _____

2. uadctfla   _____

3. soiefarrd   _____

4. ojondea   _____

5. mornovcpesi   _____

6. ciatleborhla   _____

7. rúoatsñca   _____

8. ndureoca   _____

9. hecoedr   _____

10. teined   _____

Ejercicio 46

Translate the following sentences into Spanish.

1. _They like to go to bed late and wake up early._

_____

2. _She's going to wash her hair with this shampoo._

_____

3. _The students have just registered in the school of fine arts._

_____

_____

4. _The pupils have to go to class every day. They must not skip class._

_____

_____

5. _He plans to get together with his friends._

_____

•

6. *I'm most interested in literature. I'm going to apply for a scholarship to study in the school of liberal arts.*

_____

_____

7. *He gets up, brushes his teeth, takes a shower, shaves, and gets dressed.*

_____

_____

8. *Professor Arriaga [fem.] is learned and demanding, and also very nice.*

_____

_____

9. *He studied at the law school and became a lawyer.*

_____

10. *We're going to have a lot of fun at the party.*

_____

11. *You (Ud.) should take care of yourself. If not, you're going to get sick.*

_____

_____

12. *When do you (Uds.) plan to move to your dream home?*

_____

La salud y los accidentes
Health and accidents

In this chapter, you will learn the Spanish words for illnesses, diseases, parts of the body, and medicines, and you will be able to describe your symptoms to the doctor and dentist. The vocabulary you learn will enable you to express your ideas about how to lead a healthy life.

To express that something hurts in Spanish, the verb **doler** (o > **ue**) is used. It patterns like the verb **gustar**.

What hurts you?	¿Qué te duele?
My head hurts.	Me duele la cabeza.
My back	la espalda
My mouth	la boca
My stomach	el estómago, la barriga, el vientre
My throat	la garganta

The English word *ear* is translated in two ways in Spanish. **El oído** is used for the inner ear, **la oreja** for the outer ear.

My ears hurt.	Me duelen los oídos.
My eyes	los ojos
My feet	los pies
My legs	las piernas

Breaks and sprains
Las fracturas y las torceduras

He broke his elbow.	Se rompió el codo.
his finger	el dedo
his knee	la rodilla
his neck	el cuello
his nose	la nariz

The indirect object pronoun can be added to a **se** construction with certain verbs to express unplanned occurrences.

She broke her arm.	Se le quebró el brazo.
her rib	una costilla
her shoulder	el hombro
her tooth	un diente
Did you sprain your ankle?	¿Se te torció el tobillo?
your toe	el dedo (del pie)
your wrist	la muñeca
I cut my hand.	Me corté la mano.
I fractured a bone.	Me fracturé un hueso.
I hurt my arm.	Me lastimé el brazo.

At the doctor's office
En el consultorio del médico

The doctor has to examine his patients.	El médico tiene que examinar a sus pacientes.
to do a blood test	hacer un análisis de sangre, hacer una prueba sanguínea
to do an examination	hacer un chequeo médico / un reconocimiento médico / un examen médico
to do a throat culture	hacer un cultivo de garganta
to do X-rays	tomar unas radiografías, hacer rayos equis
to examine (patients)	examinar/revisar (a sus pacientes)
to give an injection	dar/colocar/poner una inyección
to listen to his patient's chest/lungs	auscultarle el pecho / los pulmones [el pulmón] al paciente
to take his patient's blood pressure	tomarle la tensión arterial / la presión arterial / la presión sanguínea al paciente
to take his patient's pulse	tomarle el pulso al paciente
to take his patient's temperature	tomarle la temperatura al paciente
to vaccinate children	vacunar a los niños
to write a prescription	escribir una receta (médica)

Symptoms
Los síntomas

I don't feel well.	No me siento bien.
I feel awful.	Tengo un malestar general.
I feel like vomiting.	Tengo ganas de vomitar. / Me dan ganas de vomitar.

I feel stressed.	Me siento estresado.
I have a backache.	Tengo dolor de espalda.
I have a headache.	Tengo dolor de cabeza.
I have a migraine.	Tengo migraña / una jaqueca.
I have a sore throat.	Tengo dolor de garganta.
I have a stomachache.	Tengo dolor de estómago/vientre/barriga. [el vientre]
I have a stuffy nose.	Tengo la nariz tapada/congestionada.
I have chapped lips.	Tengo los labios cortados/agrietados.
I have diarrhea.	Tengo diarrea.
I have fever.	Tengo fiebre/calentura. [la fiebre]
I have no energy.	Me falta energía.
I'm constipated.	Estoy estreñido.
I'm coughing.	Toso. (toser)
I'm dehydrated.	Estoy deshidratado.
I'm gaining weight.	Aumento de peso.
I'm losing weight.	Bajo de peso. / Pierdo peso.
I'm nauseous.	Tengo náuseas.
I'm sneezing.	Estornudo.

Medicines

Los remedios

The doctor gave me <u>a prescription</u>.	El médico me dio <u>una receta</u>.
an antibiotic	un antibiótico
an antihistamine	un antihistamínico
some cough drops	pastillas para la tos
cough syrup	un jarabe para la tos
a flu shot	una vacuna contra la gripe, una vacuna contra la influenza
an injection	una inyección
some medicine	un medicamento, una medicina
a pain killer	un analgésico, un calmante
some pills	pastillas, píldoras
sleeping pills	somníferos, pastillas para dormir
a tranquilizer	un tranquilizante, un sedante

What do the patients have?

¿Qué tienen los pacientes?

He has <u>an illness</u>.	Tiene <u>una enfermedad</u>.
an ache, a pain	un dolor
a bruise	un moretón, un cardenal, un hematoma
a burn	una quemadura

>>>

a cut	un corte
an infection	una infección
an injury	una herida
a rash	un sarpullido, una erupción
a virus	un virus

The patient has the flu.	La paciente está agripada.
has a cold	está resfriada, está acatarrada
has indigestion	está empachada
is pregnant	está embarazada
is sick	está enferma, está mal
is in critical condition	está muy grave
is dying	está moribunda

I have a mosquito bite on my forehead.	Tengo una picadura de mosquito en la frente.
on my cheek	en la mejilla
on my eyelid	en el párpado
on my face	en la cara

Medical specialists

Los médicos especialistas

I have an appointment with the doctor.	Tengo cita con el médico.
the anesthesiologist	el/la anestesista, el anestesiólogo
the cardiologist	el cardiólogo
the chiropractor	el quiropráctico
the dermatologist	el dermatólogo
the general practitioner, the family doctor, the primary care physician	el/la médico general, el/la médico de familia, el/la médico generalista
the gynecologist	el ginecólogo
the internist	el/la internista
the neurologist	el neurólogo
the nurse practitioner	el enfermero practicante
the obstetrician	el/la obstetra
the oncologist	el oncólogo
the ophthalmologist	el oftalmólogo
the orthopedist	el/la ortopedista
the pediatrician	el/la pediatra
the periodontist	el/la periodontista
the plastic surgeon, the cosmetic surgeon	el cirujano plástico, el cirujano estético
the psychiatrist	el/la psiquiatra

>>>

the radiologist	el radiólogo
the rheumatologist	el reumatólogo

Parts of the body

Unas partes del cuerpo

armpit	la axila, el sobaco
bladder	la vejiga
blood	la sangre
bones	los huesos
brain	el cerebro
breast	el seno, la mama
calf	la pantorrilla
chest	el pecho
chin	el mentón, la barbilla
esophagus	el esófago
genitals	los genitales
glands	las glándulas
groin	la ingle
heart	el corazón
hip	la cadera
joints	las articulaciones [la articulación], las coyunturas
kidney	el riñón
knuckle	el nudillo
ligaments	los ligamentos
liver	el hígado
lung	el pulmón
muscles	los músculos
spine	la columna vertebral
temple	la sien
tendons	los tendones [el tendón]
thigh	el muslo
waist	la cintura

Systems and tracts

Los sistemas y aparatos

cardiovascular system	el sistema cardiovascular, el sistema circulatorio
digestive tract	el sistema digestivo, el aparato digestivo
lymphatic and immune system	el sistema linfático e inmunitario
nervous system	el sistema nervioso
reproductive system	el sistema reproductivo
respiratory tract	el sistema respiratorio, el aparato respiratorio

Illnesses and medical conditions

acne	el acné
AIDS	el SIDA
allergy	la alergia
arthritis	la artritis
asthma	el asma [fem.]
attention deficit disorder	el trastorno de déficit de atención
autism	el autismo
bipolar disorder	el trastorno bipolar
bronchitis	la bronquitis
cancer	el cáncer
cold	el catarro, el resfriado
cough	la tos
diabetes	la diabetes
flu	la gripe, la gripa [MEX.]
heart attack	el infarto
heart disease	la enfermedad cardíaca, la cardiopatía
hypertension	la hipertensión
laryngitis	la faringitis
mental illness	la enfermedad mental
pneumonia	la pulmonía, la neumonía
sinusitis	la sinusitis
skin disease	la enfermedad de la piel
a stomach virus	la gastritis
strep throat	la amigdalitis estreptocócica, la faringitis estreptocócica
urinary infection	la infección urinaria

What illness does he have? — ¿De qué sufre?

He's suffering from a serious illness. — Padece una enfermedad seria.

a chronic illness/disease	una enfermedad crónica
a contagious disease	una enfermedad contagiosa
a fatal illness/disease	una enfermedad mortal
a genetic disease	una enfermedad genética
a hereditary disease	una enfermedad hereditaria
an infectious disease	una enfermedad infecciosa

Women's health — La salud de las mujeres

abortion	el aborto
birth	el parto

to breastfeed, to nurse	dar el pecho, amamantar
to give birth (to a boy / to a girl)	dar a luz (a un niño / a una niña)
mammogram	la mamografía, el mamograma
midwife	la partera, la matrona, la comadrona
miscarriage	la pérdida, el aborto espontáneo
period	el período, la regla, el mes [SP.]
pregnancy	el embarazo
pregnant	embarazada

In the dentist's office

En la consulta del dentista

The dentist has to clean the teeth.	La dentista tiene que limpiar los dientes.
to fill cavities	rellenar las caries, empastar las caries
to pull a wisdom tooth	sacar una muela del juicio
to put on braces	poner los frenillos, poner el aparato (de ortodoncia)

to brush one's teeth	cepillarse los dientes
crown	la corona
dental checkup	el chequeo dental, el reconocimiento dental
dental floss	el hilo dental
filling	el empaste, la amalgama
gums	las encías
molar	la muela
plaque	el sarro dental, el tártaro dental, el cálculo dental
to rinse the mouth	enjuagar la boca
to swallow	tragar
tongue	la lengua
toothache	el dolor de diente, el dolor de muela

Accidents

Los accidentes

The accident victims are in the hospital.	Los accidentados están en el hospital.
in an ambulance	en una ambulancia
in the emergency room	en la sala de emergencia
in intensive care	en la unidad de cuidados intensivos

bleeding	el sangrado, la hemorragia
casualty	la víctima
first aid	los primeros auxilios
paramedic	el paramédico

In the operating room

He's going to have heart surgery.

The surgeon removes the patient's gallbladder.

operating room
operation
to have an operation, to be operated on
surgeon
surgery

En la sala de operaciones

Le van a operar del corazón.

El cirujano le saca la vesícula biliar al paciente.

la sala de operaciones, el quirófano
la operación, la intervención (quirúrgica)
operarse
el cirujano
la cirugía

To lead a healthy life

To lead a healthy life, you have <u>to eat well</u>.
  to control your weight
  to drink a lot of water
  to enjoy life
  to exercise, to work out
  to follow a balanced diet
  to get enough sleep
  to have a positive attitude
  to live with purpose
  to reduce stress
  to stop smoking
  to take vitamins

Para llevar una vida sana

Para llevar una vida sana, hay que <u>comer bien</u>.
  controlar el peso
  beber mucha agua
  disfrutar de la vida
  hacer ejercicio
  seguir una dieta equilibrada
  dormir lo suficiente
  tener una actitud positiva
  vivir con propósito
  reducir el estrés
  dejar de fumar
  tomar vitaminas

Para hablar un español auténtico

alternative medicine
medical history
preventive medicine

to prevent
to treat

He died of natural causes.

His leg is in a cast and he walks with crutches.

Her nose is bleeding.
She has a headache.
He has a stomachache.

la medicina alternativa, la medicina natural
el historial médico, la historia clínica
la medicina preventiva

prevenir [*conjugated like* venir]
tratar, curar

Murió por causas naturales.

Tiene la pierna enyesada y anda con muletas.

Le sangra la nariz.
Le duele la cabeza.
Le duele el estómago.

I have a sprained ankle.	Tengo una torcedura de tobillo. / Tengo un esguince de tobillo.
Alcohol has damaged his liver.	El alcohol le ha dañado el hígado.
The five senses are sight, hearing, smell, taste, and touch.	Los cinco sentidos son la vista (la visión), el oído (la audición), el olfato, el gusto y el tacto.
Get well soon!	¡Mejórate pronto! / ¡Que te mejores pronto!

Refranes, expresiones y citas

to be as close as can be	ser uña y carne
to be very outspoken	no tener pelos en la lengua
to cost an arm and a leg	costar un ojo de la cara (costar o > ue)
to pull someone's leg	tomarle el pelo a alguien
to talk incessantly	hablar (hasta) por los codos [el codo *elbow*]

A happy heart, a healthy man.	Corazón alegre, hombre sano.
Health is better than wealth.	Más vale la salud que el dinero.
No use crying over spilt milk.	A lo hecho, pecho.
Out of sight, out of mind.	Ojos que no ven, corazón que no siente.
Prevention is better than cure.	Más vale prevenir que curar.

"Espero que algún día la práctica de contagiar la viruela vacuna a los seres humanos se extienda por el mundo—cuando llegue ese día, ya no habrá más viruela."

EDWARD JENNER

"Toda la historia del progreso humano se puede reducir a la lucha de la ciencia contra la superstición."

GREGORIO MARAÑÓN

"Las fuerzas naturales que se encuentran dentro de nosotros son las que verdaderamente curan las enfermedades."

HIPPOCRATES

"El tiempo es la mejor medicina."

OVIDIO

"Los mejores médicos del mundo son: el doctor dieta, el doctor reposo y el doctor alegría."

JONATHAN SWIFT

Ejercicio 47

Complete each phrase so that it expresses the meaning of the English phrase.

1. *a wisdom tooth*   una muela _____

2. *first aid*   los primeros _____

3. *He has a cold.*   Él está _____ .

4. *a mosquito bite*   _____ de mosquito

5. *a backache*   un dolor _____

6. *a sprained wrist*   una torcedura _____

7. *a balanced diet*   una dieta _____

8. *to talk incessantly*   hablar _____

9. *to live with purpose*   vivir _____

10. *to be very outspoken*   no tener _____

11. *the leg in a cast*   la pierna _____

12. *I feel awful.*   Tengo _____ general.

13. *No use crying over spilt milk.*   _____ , pecho.

14. *dental plaque*   _____ dental

15. *Health is better than wealth.*   _____ que el dinero.

Ejercicio 48

Select the verb from the following list that correctly completes each phrase.

andar   prevenir   costar   dejar   aumentar   padecer
rellenar   sentirse   tomar   hacer   enjuagar   auscultar

1. _____ una enfermedad contagiosa   7. _____ con muletas

2. _____ los pulmones   8. _____ de fumar

3. _____ estresado   9. _____ las caries

4. _____ la tensión arterial   10. Más vale _____ que curar.

5. _____ un análisis de sangre   11. _____ la boca

6. _____ de peso   12. _____ un ojo de la cara

Ejercicio 49

Select the word or phrase from the following list that correctly completes each phrase.

de garganta   los oídos   para la tos   la nariz   y carne
por causas naturales   tapada   con el oftalmólogo   embarazada   de tobillo

1. un jarabe _____
2. la nariz _____
3. un dolor _____
4. está _____
5. le sangra _____
6. un esguince _____
7. ser uña _____
8. me duelen _____
9. murió _____
10. una cita _____

Ejercicio 50

Respond in Spanish with the list or description specified for each of the following situations.

1. **Una cita con el médico.** You go to the doctor because you're not feeling well. Detail your symptoms, what hurts you, what kind of doctor you're seeing, and what he or she prescribes.

_____

_____

_____

_____

_____

_____

2. **Ud. es médico.** You are a primary care physician. Describe some of the things you do for your patients.

_____

_____

_____

_____

_____

_____

_____

3. **El historial médico.** You are filling out a medical history for your doctor. List the diseases that you and your family members have or had.

_____

_____

_____

_____

_____

4. **Una cita con la dentista.** Tell some of the things the dentist does.

_____

_____

_____

_____

_____

5. **La vida sana.** List some things you do or don't do to lead a healthy life.

_____

_____

_____

_____

_____

Ejercicio 51

Tell what kind of doctor each person would need for the medical problems given. Include the indefinite article with the noun. There might be more than one correct answer for some items.

1. Felipe tiene catarro. _____
2. A Inés le duelen los ojos. _____
3. Claudia está embarazada. _____
4. El bebé tiene fiebre. _____
5. Pedro tiene una enfermedad cardíaca. _____
6. Mercedes tiene una enfermedad de la piel. _____
7. Pablo sufre de una enfermedad mental. _____
8. A Javier le duele un diente. _____
9. Carmen necesita un chequeo médico. _____
10. Laura necesita una operación. _____
11. Lorenzo tiene un sarpullido. _____
12. A María Elena le van a poner los frenillos. _____

Ejercicio 52

Unscramble the letters in each item to create words that represent parts of the body.

1. pldaeas _____
2. doalilr _____
3. orebecr _____
4. moorhb _____
5. unmpló _____

6. geanul _____
7. acuñme _____
8. sueho _____
9. jaelmil _____
10. rnesag _____

Ejercicio 53

Translate the following sentences into Spanish.

1. *I'm going to the doctor because I have a backache.*

_____

2. *What are your (Ud.) symptoms?*

_____

3. *I don't feel well. I have a stomachache and I'm nauseous.*

_____

_____

4. *The doctor gave him an antibiotic because he has an infection.*

_____

_____

5. *Her gums bleed. She should go to the dentist.*

_____

6. *How did you (tú) break your nose?*

_____

7. *The paramedics are treating the accident victims in the ambulance.*

_____

_____

8. *Did you (tú) hurt your wrist?*

_____

9. *Yes, I sprained it.*

_____

10. *The pediatrician has just vaccinated the child.*

_____

11. *José Luis is using crutches because he broke his leg.*

_____

12. *They are very outspoken and talk incessantly.*

_____

13. *What can one do to lead a healthy life?*

_____

14. *I try to follow a balanced diet and reduce stress.*

_____

La familia y las relaciones humanas; para describir a las personas

Family and relationships; describing people

This chapter presents Spanish terms for members of the family, as well as vocabulary that will enable you to talk about age, civil status, and physical and personality traits. You will learn how to describe your relationships and talk about important stages of life.

> The masculine plural of nouns referring to people can refer to a group of males or a mixed group of males and females: **los abuelos** *grandfathers, grandparents, grandmother and grandfather;* **los hermanos** *brothers, brother and sister, brothers and sisters;* **los hijos** *sons, children, son and daughter, sons and daughters.*

Family	**La familia**
I'm going to introduce you to <u>my father</u>.	Te voy a presentar a <u>mi padre</u>.
my dad	mi papá
my mother	mi madre
my mom	mi mamá
my parents	mis padres, mis papás
my brother	mi hermano
my sister	mi hermana
my older brother	mi hermano mayor
my older sister	mi hermana mayor
my younger brother	mi hermano menor
my younger sister	mi hermana menor
my kid brother	mi hermanito
my kid sister	mi hermanita
my half brother	mi medio hermano, mi hermanastro
my half sister	mi media hermana, mi hermanastra
my grandfather	mi abuelo
my grandmother	mi abuela

>>>

my great-grandfather	mi bisabuelo
my great-grandmother	mi bisabuela
my son	mi hijo
my daughter	mi hija
my first born	mi hijo primogénito
my eldest child	mi hijo mayor
my youngest child	mi hijo menor
my adopted son	mi hijo adoptado/adoptivo
my adopted daughter	mi hija adoptada/adoptiva
my grandson	mi nieto
my granddaughter	mi nieta
my stepson	mi hijastro
my stepdaughter	mi hijastra
my husband	mi marido, mi esposo
my wife	mi mujer, mi esposa

How to introduce someone

Cómo presentar a alguien

I want you (Ud.) to meet my son.	Le presento a mi hijo.
Glad to meet you.	Mucho gusto. / Encantado./Encantada.
The pleasure is mine.	El gusto es mío.

Relatives

Los familiares

I met your uncle at the family gathering.	Conocí a tu tío en la reunión familiar.
your aunt	tu tía
your nephew	tu sobrino
your niece	tu sobrina
your cousin	tu primo/prima
your first cousin	tu primo hermano, tu primo carnal
your brother-in-law	tu cuñado
your sister-in-law	tu cuñada
your father-in-law	tu suegro
your mother-in-law	tu suegra
your son-in-law	tu yerno
your daughter-in-law	tu nuera
your twins	tus gemelos (idénticos), tus mellizos, tus cuates [MEX.]
your twin sisters	tus hermanas gemelas

More relatives

We're going to invite the relatives.
  all the relations, all the relatives
  the close relatives
  the distant relatives
  the extended family

Más parientes

Vamos a invitar a <u>los familiares</u>.
  toda la parentela
  los parientes cercanos, los familiares cercanos
  los parientes lejanos, los familiares lejanos
  la familia extendida/extensa

Godparents and godchildren

She loves her godson a lot.
  her goddaughter
  her godfather
  her godmother

Los padrinos y los ahijados

Ella quiere mucho a <u>su ahijado</u>.
  su ahijada
  su padrino, su compadre
  su madrina, su comadre

Both **ser** and **estar** can be used with **casado**. The preposition **con** is used with **casarse** and **comprometerse**: **está casada con Diego** *she is married to Diego*, **está comprometido con Marisol** *he is engaged to Marisol*.

What is his/her civil status?

He is single. She is single.
He is engaged. She is engaged.
He is married. She is married.
He is divorced. She is divorced.
He is separated. She is separated.
He is a widower. She is a widow.
He's a confirmed bachelor.
She's an unmarried woman.
She'll end up an unmarried woman.

¿Cuál es su estado civil?

Es soltero. Es soltera.
Él está comprometido. Ella está comprometida.
Él es casado. Ella es casada.
Él está divorciado. Ella está divorciada.
Él está separado. Ella está separada.
Él es viudo. Ella es viuda.
Es solterón.
Es soltera.
Se quedará para vestir santos.

Spanish uses the verb **tener** *to have* to express a person's age: **tener** _____ **años** *to be* _____ *years old.*

How old is he/she?

How old is your friend?
  your boyfriend
  your girlfriend
  the boy
  the girl

¿Cuántos años tiene?

¿Cuántos años tiene <u>tu amigo</u>?
  tu novio
  tu novia
  el chico, el muchacho
  la chica, la muchacha

〉〉〉

the little boy	el niño
the little girl	la niña
your fiancé	tu prometido, tu novio
your fiancée	tu prometida, tu novia
your friend	tu amigo/amiga
that man	ese hombre
that man, that gentleman	ese señor
that young man	ese joven
that woman	esa mujer, esa señora
that young woman	esa señorita
the teenager	el/la adolescente, el quinceañero (lit., *15-year-old*)

How old are they?   ¿Cuántos años tienen?

The baby is six months old.
El bebé tiene seis meses.

The baby is three months old.
El nene / La nena [SP., P.R.] tiene tres meses.

Ms. Ribera is twenty-three years old.
La señorita Ribera tiene veintitrés años.

Mr. Calderón is fifty-seven years old.
El señor Calderón tiene cincuenta y siete años.

Mrs. Miró is thirty-nine years old.
La señora Miró tiene treinta y nueve años.

Pablo was orphaned at the age of eight.
Pablo quedó huérfano a los ocho años.

Isabel lost her father/mother when she was twelve.
Isabel quedó huérfana de padre/madre a los doce años.

Human relations   Las relaciones humanas

They have a <u>close</u> relationship.
Tienen una relación <u>cercana</u>.

changing	cambiante
cold	fría
complex	compleja
complicated	complicada
confusing	confusa
cordial	cordial
difficult	difícil
distant	indiferente
harmonious	armoniosa
hostile	hostil
love-hate	de amor odio
loving	amorosa, cariñosa
professional	profesional
respectful	respetuosa

serious	seria
solid	sólida
stormy	turbulenta, tempestuosa
strange	rara

They have an intimate relationship.   Tienen una relación íntima.

What's the family like?

¿Cómo es la familia?

It's a close family.	Es una familia unida.
conservative	conservadora
happy	feliz
hospitable	hospitalaria
large	numerosa
poor	pobre
religious	religiosa
respected	respetada
rich	rica
traditional	tradicional
warm	cariñosa
welcoming	acogedora

It's an open-minded family.   Es una familia de mentalidad abierta.

Character and personality

El carácter y la personalidad

Juan Carlos is nice.	Juan Carlos es simpático.
amusing	gracioso
annoying	molesto, insoportable
arrogant	arrogante
boring	aburrido
brave	valiente
calm	tranquilo
capable	capaz, competente
careful (painstaking)	cuidadoso, esmerado, meticuloso
cautious (careful)	cauteloso, prudente
charming	encantador
compassionate	compasivo
competitive	competitivo
conceited	presumido
cowardly	cobarde

creative	creador
curious	curioso
dishonest	deshonesto, mentiroso
embittered	amargado
focused	concentrado, centrado
friendly	amable
generous	generoso
gullible	iluso, crédulo, ingenuo, inocente
hard-working	trabajador
honest	honesto
humble	humilde
hypocritical	hipócrita
idealistic	idealista
insufferable	insoportable, inaguantable
intelligent	inteligente
interesting	interesante
kind	amable
lazy	perezoso, flojo, vago
likeable	simpático
loyal	leal
mean	malo
naive	ingenuo, inocente
nervous	nervioso
optimistic	optimista
patient	paciente
pessimistic	pesimista
phony	falso
pleasant	agradable
realistic	realista
responsible	responsable, cumplidor
self-assured	seguro (de sí mismo), confiado
selfish	egoísta
sensible	sensato
sensitive	sensible
shameless	cínico
shy	tímido
silly	tonto, necio
sincere	sincero
stingy	tacaño

stubborn	testarudo, terco
stupid	estúpido, tonto
unpleasant	antipático, desagradable

What does she look like?

¿Cómo es?

My friend is <u>pretty</u>.	Mi amiga es <u>bonita</u>.
attractive	atractiva, guapa [guapo *handsome*]
beautiful	hermosa, bella, linda
blond	rubia, güera [MEX.]
cute	mona, linda, chula [MEX.]
dark(-skinned), swarthy	morena, prieta [MEX.]
dark-haired	morena
fat	gorda
old	vieja
red-headed	pelirroja
short	baja
strong	fuerte
tall	alta
thin	delgada, flaca
ugly	fea
weak	débil
young	joven

She has <u>brown</u> eyes.	Tiene los ojos <u>castaños</u>.
blue	azules
gray	grises
green	verdes
hazel	pardos

Volver a + infinitive means *to do (something) again*: **ella volvió a casarse** *she got married again, she remarried*.

Stages of life

Las etapas de la vida

birth	el nacimiento
to be born	nacer (yo nazco)
baptism	el bautismo
to baptize	bautizar
to be baptized	ser bautizado

first communion	la primera comunión
to receive communion	comulgar
bar mitzvah (boy)	el bar mitzvah
bat mitzvah (girl)	el bat mitzvah
to celebrate	celebrar
school	la escuela
military service	el servicio militar
to serve in the military	hacer el servicio militar
college	la universidad, los estudios superiores
to get one's degree	sacar el título
graduation	la graduación
to graduate	graduarse
work	el trabajo
to work	trabajar
engagement	el compromiso
to get engaged	comprometerse
marriage	el matrimonio
to get married	casarse
pregnancy	el embarazo
to get pregnant	quedar embarazada, embarazarse
children	los hijos
to start a family	formar una familia
to give birth to a boy / to a girl	dar a luz a un niño / a una niña
to raise children	criar a los hijos
divorce	el divorcio
to get divorced	divorciarse
remarriage	el segundo matrimonio
to remarry	volver (o > ue) a casarse
retirement	la jubilación, el retiro
to retire	jubilarse, retirarse
old age	la vejez, la tercera edad
to age, to get older	envejecer (yo envejezco)
death	la muerte
to die	morir (o > ue)

Para hablar un español auténtico

José and I have a close relationship/ kinship.	José y yo tenemos un estrecho parentesco.
Miguel is afraid of commitment.	Miguel tiene miedo al compromiso.
What a nice couple!	¡Qué linda pareja!
I'm looking for my soul mate.	Busco mi alma gemela / mi media naranja / mi espíritu afín.
María is looking for a mate/partner online.	María busca pareja por Internet.
Pilar doesn't like dating websites.	A Pilar no le gustan las páginas de contactos en línea.
Carmen doesn't go out with Carlos any more. She broke off with him.	Carmen ya no sale con Carlos. Rompió con él.
They adopted a war orphan.	Adoptaron a un huérfano de guerra.

Refranes, expresiones y citas

Blood is thicker than water.	La sangre tira. / La sangre llama.
He was born with a silver spoon in his mouth.	Nació en cuna de oro. [la cuna *cradle*]
A chip off the old block.	De tal palo, tal astilla. [el palo *stick*, la astilla *splinter*]
They are like two peas in a pod.	Son como dos gotas de agua.
Unlucky in cards, lucky in love.	Desgraciado en el juego, afortunado en amores.
The more the merrier.	Apretados pero contentos.
Don't get married or set out on a trip on a Tuesday or the 13th of the month.	En trece y martes no te cases ni te embarques.
Look before you leap.	Antes que te cases, mira lo que haces.
It's better to be alone than in bad company.	Más vale estar solo que mal acompañado.
Looks can be deceiving.	Las apariencias engañan.

«Prudente padre es el que conoce a su hijo.»
   WILLIAM SHAKESPEARE

«Todo lo que soy o espero ser se lo debo a la angelical solicitud de mi madre.»
   ABRAHAM LINCOLN

«La paz y la armonía constituyen la mayor riqueza de la familia.»
   BENJAMIN FRANKLIN

«Después de Dios está papá.»
   WOLFGANG AMADEUS MOZART

«Honra a tu padre y a tu madre.»
   Los Diez Mandamientos, del LIBRO DEL ÉXODO

Ejercicio 54

Complete each sentence with the appropriate family member.

1. La hija de mi tía es _____.

2. La madre de mi padre es _____.

3. El marido de mi hija es _____.

4. Los padres de mi abuelo son _____.

5. El hijo de mi mujer del primer matrimonio es _____.

6. La mujer de mi hermano es _____.

7. Dos bebés que nacen de la misma madre al mismo tiempo son _____.

8. El hombre que es casado con la hermana de mi padre es _____.

9. Los padres de mi esposo son _____.

10. Mis hermanos y yo somos _____ del hermano de mi padre.

11. Yo [fem.] tengo más años que mi hermana. Yo soy _____.

12. Las hijas de mi hijo son _____.

Ejercicio 55

Complete each phrase so that it expresses the meaning of the English phrase.

1. *our distant relatives*   nuestros familiares _____

2. *his civil status*   su _____ civil

3. *my soul mate*   mi alma _____

4. *How old is he?*   ¿Cuántos _____ tiene?

5. *a large family*   una familia _____

6. *They're like two peas in a pod.*   Son como _____.

7. *all the relatives*   toda _____

8. *She's conceited and selfish.*   Ella es _____ y _____.

9. *their strange relationship*   su relación _____

10. *our close relationship*   nuestro parentesco _____

11. *my sister and brother-in-law*   mis _____

12. *He's tall, dark, and handsome.*   Él es _____.

13. *Blood is thicker than water.*   _____ tira.

14. *your half brother*   tu _____ hermano

15. *She has brown eyes.*   Tiene _____ castaños.

Ejercicio 56

Select the word from the following list that correctly completes each phrase.

primo	edad	páginas	segundo	bebé
huérfano	superiores	menor	cuna	novios

1. el _____ matrimonio

2. su hijo _____

3. los estudios _____

4. Los _____ van a casarse.

5. Es _____ de padre.

6. Su _____ acaba de nacer.

7. su _____ hermano

8. la tercera _____

9. las _____ de contactos

10. Nació en _____ de oro.

Ejercicio 57

Describe three members of your family. Tell who they are, their age, what they look like, and their character and personality traits.

_____
_____
_____
_____
_____
_____
_____
_____
_____
_____
_____
_____
_____

Ejercicio 58

Describe what you look like, and list your character and personality traits.

_____

_____

_____

_____

_____

_____

_____

_____

_____

Ejercicio 59

Match each word in the first column with its antonym in the second column.

1. _____ inteligente	a. interesante
2. _____ delgado	b. simpático
3. _____ feliz	c. estúpido
4. _____ aburrido	d. turbulento
5. _____ generoso	e. feo
6. _____ hermoso	f. bajo
7. _____ arrogante	g. gordo
8. _____ rico	h. pobre
9. _____ antipático	i. viejo
10. _____ cariñoso	j. tacaño
11. _____ joven	k. falso
12. _____ tranquilo	l. frío
13. _____ valiente	m. triste
14. _____ alto	n. optimista
15. _____ sincero	o. humilde
16. _____ pesimista	p. cobarde

Ejercicio 60

Unscramble the letters in the following items to find out who will attend the family party.

1. ebalau _____
2. dasepr _____
3. ñoudca _____
4. mrsopi _____
5. eroyn _____
6. adanrmi _____
7. jahsoadi _____
8. taromiped _____
9. gusoser _____
10. draimo _____
11. sarenahm _____
12. norbois _____

Ejercicio 61

Translate the following sentences into Spanish.

1. *I want to introduce you (tú) to my parents.*

   _____

2. *You (Ud.) are going to meet my aunt and uncle at the party.*

   _____

   _____

3. *The godparents love their godson and goddaughter a lot.*

   _____

   _____

4. *Roberto and Raquel Fernández have a close and warm family.*

   _____

   _____

5. *Their daughter Elena and son-in-law Andrés have a two-month-old baby.*

   _____

   _____

6. *Their son Antonio is engaged.*

   _____

7. *Their younger son Eduardo is twenty-two years old.*

   _____

8. *Ana is hardworking, generous, and charming. Her twin brother is lazy, selfish, and annoying.*

_____

_____

9. *Rebeca broke off with her boyfriend because he's afraid of commitment.*

_____

_____

10. *What does your (tú) first cousin [fem.] look like?*

_____

11. *She's dark-haired, short, thin, and very pretty.*

_____

12. *My brother, sister, and I have blue eyes.*

_____

Las diversiones: la música, el teatro, el cine y las artes visuales

Entertainment: music, theater, film, and the visual arts

This chapter presents vocabulary that will enable you to describe a concert, a play, a film, and a visit to the art museum. You will learn how to express time in Spanish so that you can tell at what time the concert starts. You will also be able to talk about your experiences playing an instrument, making a film, and painting a picture.

Music for all tastes	**La música para todos los gustos**
I love classical music.	Me encanta la música clásica.
ballet music	la música de ballet
chamber music	la música de cámara
disco	la música disco, la música de antro [el antro *nightclub*] [MEX.]
electronic music	la música electrónica
Flamenco music and dance (Spain)	el flamenco
folk music	la música folclórica
Latin music	la música latina
Mariachi music (Mexico)	el mariachi
musical theater	el teatro musical
opera	la ópera
rock 'n' roll	el rocanrol
technomusic	la música techno
vocal music	la música vocal
world music	la música universal/global/mundial

The verb *to play* is expressed with different verbs in Spanish:

- **tocar** *to play a musical instrument*: **toco el clarinete** *I play the clarinet*
- **sonar** (**o** > **ue**) *to be heard, to be audible*: **sonaba música** *music was playing*
- **jugar** (**u** > **ue**) *to play a sport or game*

The verb **saber** *to know* + infinitive means *to know how to do something.*

Musical instruments	**Los instrumentos musicales**
Do you know how to play the piano?	¿Sabes tocar el piano?
the bassoon	el fagot
the cello	el violonchelo
the clarinet	el clarinete
the drum	el tambor
the English horn	el corno inglés
the flute	la flauta
the French horn	el corno (francés), la trompa
the guitar	la guitarra
the harp	el arpa [fem.]
the harpsichord	el clavecín, el clavicémbalo
the oboe	el oboe
the organ	el órgano
percussion	la percusión
the piccolo	el piccolo, el flautín
the recorder	la flauta dulce
the saxophone	el saxofón
the trombone	el trombón
the trumpet	la trompeta
the tuba	la tuba
the viola	la viola
the violin	el violín

Artists	**Los artistas**
accompanist	el/la acompañante
arranger	el/la arreglista
band	la banda
choir, chorus	el coro
composer	el compositor / la compositora
conductor	el director / la directora de orquesta, el maestro
dancer	el bailarín / la bailarina
duet	el dúo
ensemble, music group	el grupo, el ensamble, el conjunto, la agrupación musical

instrumentalist	el/la instrumentista
musician	el/la músico
performer	el/la intérprete
singer	el/la cantante
soloist	el/la solista, el/la concertista
street musician	el músico callejero

She likes to dance.	Le gusta bailar.
to conduct	dirigir (yo dirijo)
to sing	cantar
to write music, to compose music	escribir música, componer música [conjugated like poner]

The symphony orchestra / La orquesta sinfónica

There are four sections in the orchestra.	Hay cuatro secciones en la orquesta. [la sección]

woodwinds	los instrumentos de viento (de) madera
brass	los instrumentos de viento (de) metal
strings	las cuerdas
percussion	la percusión

The idea of a performance is expressed using several different words in Spanish: **la interpretación musical, el concierto** *musical performance*; **la representación** *play* or *stage show*; **la actuación** *acting in theater or film*; **la función** *the show*. **El arte en vivo** is *performance art*.

The concert hall / La sala de conciertos

Beethoven was a great composer.	Beethoven fue un gran compositor.
The audience applauded a lot.	El público aplaudió mucho.
The dancers received a lot of applause.	Los bailarines recibieron muchos aplausos.
They called for an encore.	Pidieron un bis. (pedir e > i)
We loved his performance of the sonata.	Nos encantó su interpretación de la sonata.
We attended the world premiere of the symphony.	Asistimos al estreno mundial de la sinfonía.
The song has a beautiful melody and lyrics.	La canción tiene una melodía y una letra hermosas.

An adjective modifying two singular nouns is made plural: **un clarinete y un violín nuevos** *a new clarinet and violin.*

---

acoustics	la acústica
baton	la batuta
microphone	el micrófono
recording/sound engineer	el ingeniero de grabación/sonido
rehearsal	el ensayo
dress rehearsal	el ensayo general
score	la partitura
stand	el atril

In Spanish, all times begin with **son las**, except for **es la una** *it's one o'clock*. To ask the time say, **¿Qué hora es?** In Spanish America, **¿Qué horas son?** is commonly used.

Telling time and expressions of time — La hora y las expresiones de tiempo

What time is it?	¿Qué hora es?
It's one o'clock.	Es la una.
It's two o'clock.	Son las dos.
It's 4:15.	Son las cuatro y cuarto.
It's 7:30.	Son las siete y media.
It's ten to nine.	Son las nueve menos diez. / Faltan diez (minutos) para las nueve.
It's 10:45.	Son las once menos cuarto. / Es un cuarto para las once. / Falta un cuarto para las once. / Son las diez cuarenta y cinco.
It's noon.	Son las doce del día. / Es mediodía.
It's midnight.	Son las doce de la noche. / Es medianoche.

To express the time at which something occurs, Spanish uses the preposition **a**. The equivalents of English AM and PM are the Spanish phrases **de la mañana, de la tarde,** and **de la noche** added to the expression of time. Latin Americans often use AM and PM as in English.

At what time is the concert? — ¿A qué hora es el concierto?

The concert is at 3:00 PM.	El concierto es a las tres de la tarde.
at 8:00 PM	a las ocho de la noche
at 11:00 AM	a las once de la mañana

In Spanish-speaking countries, a 24-hour clock is used for official purposes such as train and plane schedules and show times. In the 24-hour clock, the minutes past the hour are counted from 1 to 59. **Cuarto** and **media** are replaced by **quince**, **treinta**, and **cuarenta y cinco**, and the phrases **de la mañana, de la tarde**, and **de la noche** are not used: **el recital es a las veinte treinta** *the recital is at 8:30 PM*, **el avión aterrizó a las quince cuarenta y cinco** *the plane landed at 3:45 PM*. The word **horas** often appears when using the 24-hour clock.

We'll get to the theater about 7:00.	Llegaremos al teatro a eso de las siete.
a little after 5:00	a las cinco y pico
at exactly six o'clock	a las seis en punto
early	temprano
on time	puntualmente
late	tarde
in the morning/afternoon/evening	por la mañana/tarde/noche

Talking about time

Para hablar de la hora

I'm going to take a flute lesson today.	Voy a tomar una clase de flauta hoy.
tomorrow	mañana
tomorrow morning	mañana por la mañana
tomorrow afternoon	mañana por la tarde
tomorrow night/evening	mañana por la noche
the day after tomorrow	pasado mañana
on Wednesday	el miércoles
this week	esta semana
during the week	durante la semana
next week	la semana que viene, la semana próxima
next month	el próximo mes, el mes que entra
around the beginning of the month	a principios del mes
around the middle of the month	a mediados del mes
around the end of the month	a fines del mes

Theater

El teatro

We're going to see a show tonight.	Vamos a ver un espectáculo esta noche.
a comedy	una comedia
a drama	un drama
a musical	una obra musical
a musical revue	una revista musical

>>>

>>>

a play	una obra de teatro, un drama
a tragedy	una tragedia

There is the audience.	Hay el público.
the balcony	el balcón
the box office	la taquilla
the curtain	el telón
the scenery, the set	el decorado
the stage	la escena, el escenario, el espacio escénico

There are the costumes.	Hay el vestuario.
the rows	las filas
the seats	los asientos, las localidades, las butacas

The play / La obra de teatro

act	el acto
to act	actuar
actor	el actor
actress	la actriz
audition	la audición
cast	el reparto, el elenco
character	el/la personaje
dialogue	el diálogo
intermission	el intermedio
monologue	el monólogo
to play the part/role	desempeñar el papel, jugar (u > ue) el papel, representar el papel, hacer el papel
playwright	el dramaturgo
plot	el argumento, la trama
protagonist	el/la protagonista
scene	la escena
script	el guión
smash hit	el exitazo, el boom, el bombazo
to come on stage	entrar en escena
to go on stage	salir a escena
to stage	poner en escena
to go on tour, to go on the road	hacer una gira
understudy	el suplente, el reemplazo, el sustituto
Everyone on stage!	¡Todo el mundo a escena!

In Spain, the word for a theater, movie, or concert ticket is **la entrada**. In Latin America, **el boleto** is used. For airplane, train, and bus tickets, **el billete** is used in Spain; for the airplane ticket, **el pasaje** is also used. **El boleto** is used for these tickets in Latin America.

The box office opens at 10:00 AM.	La taquilla abre a las diez de la mañana.
There are some tickets available.	Hay algunas entradas disponibles.
The tickets are sold out.	Los boletos están agotados.
The play ran for two years.	La obra estuvo dos años en cartelera. [la cartelera *entertainment guide*]

Film

El cine

action film	la película de acción
adventure film	la película de aventuras
art film	el cine arte
blockbuster	el éxito de taquilla
cartoons	los dibujos animados
censorship	la censura
cinematography	la cinematografía
documentary	el documental
to dub	doblar
ending	el desenlace
experimental film	el cine experimental
film	la película, el film, el filme
to film	rodar (o > ue) una película
film noir	el cine negro
filmmaker	el/la cineasta, el director, el realizador
foreign film	la película extranjera
historical film	la película de época
horror film	la película de terror
to make/shoot a film	rodar (o > ue) una película, filmar una película
movie buff	el cinéfilo
movie fan	el aficionado al cine
movie star	la estrella de cine
mystery	la película policíaca
photography	la fotografía
to play/show a film	poner/dar una película
premiere	el estreno
to premiere	estrenar

producer	el productor / la productora
review	la crítica
science fiction film	la película de ciencia ficción
screen	la pantalla
silent film	la película muda, el cine mudo
television film	la película para televisión
thriller	el thriller, la película de suspenso
war film	la película de guerra, la película bélica
western	la película del oeste, la película de vaqueros
to win the Oscar	llevarse el Óscar, ganar el Óscar

What film is showing this week?	¿Qué película ponen esta semana?
Where is that film playing?	¿Dónde están dando esa película?
The film was well received.	La película fue bien acogida/recibida.
One can consult the film times in the movie listings.	Uno puede consultar los horarios de las películas en la cartelera de cine.
Casablanca won the Oscar for Best Film in 1944.	Casablanca se llevó el Óscar a la mejor película en mil novecientos cuarenta y cuatro.
The 30s and 40s: "The Golden Age of Hollywood"	Los años treinta y cuarenta: "La edad de oro de Hollywood"

Visual arts
Las artes visuales

architecture	la arquitectura
art	el arte
arts and crafts	la artesanía
digital art	el arte digital
drawing	el dibujo
fine arts	las bellas artes
graphic arts	las artes gráficas
installation	la instalación
painting	la pintura
performance art	el arte en vivo
photography	la fotografía
plastic arts	las artes plásticas
pottery, ceramics	la alfarería, la cerámica
printmaking	el grabado, el estampado
sculpture	la escultura

At the art museum
En el museo de arte

art gallery	la galería de arte, la pinacoteca
curator	el curador / la curadora

exhibition, exhibit	la exhibición, la exposición
landscape	el paisaje
museum piece	la pieza de museo, la pieza de colección
oil painting	la pintura al óleo
painting	la pintura
painting (*on a wall*)	el cuadro, la pintura
portrait	el retrato
poster	el cartel, el poster, el afiche
print	el grabado
room (*in a museum*)	la sala (de museo)
sculpture	la escultura
self-portrait	el autorretrato
sketch	el dibujo, el esbozo, el croquis, el boceto
still life	la naturaleza muerta, el bodegón

In the painter's studio

En el taller del pintor

There is a canvas.	Hay un lienzo.
an easel	un caballete
a model	un/una modelo
a palette	una paleta
a palette knife	una espátula

There are frames.	Hay marcos.
brushes	pinceles [masc.]
oil paints	óleos
paints	pinturas
watercolors	acuarelas

He loves to paint.	Le gusta pintar.
to draw	dibujar
to sculpt	esculpir, modelar
to sketch	dibujar, bosquejar, esbozar
to take photos	tomar/sacar fotos

Artists and art experts

Los artistas y los especialistas en arte

He's a craftsman.	Él es artesano.
an antique dealer	anticuario, comerciante de antigüedades [fem.: la comerciante]
an art connoisseur	entendido en arte
an art dealer	comerciante en obras de arte [fem.: la comerciante], marchante en obras de arte [fem.: la marchante] ⟩⟩⟩

an expert	entendido en arte
a landscape painter	paisajista [fem.: la paisajista]
a photographer	fotógrafo [fem.: la fotógrafa]
a portrait painter, a portraitist	retratista [fem.: la retratista]
a sculptor	escultor [fem.: la escultora]

Describing artists and their works ## Para describir a los artistas y sus obras

abstract	abstracto
accessible	accesible, alcanzable
aesthetic	estético
artistic	artístico
avant-garde	vanguardista
creative	creativo, creador/creadora
evocative	evocativo, evocador/evocadora
imaginative	imaginativo
innovative	innovador/innovadora
inspiring	inspirador/inspiradora
minimalist	minimalista
naturalist	naturalista
picturesque	pintoresco
prolific	prolífico
realist	realista
romantic	romántico
sensitive	sensible
stylized	estilizado
surrealist	surrealista
talented	talentoso

Para hablar un español auténtico

The child prodigy plays by ear.	El niño prodigio toca de oído.
The piano is a keyboard instrument.	El piano es un instrumento de teclado.
The Prado has the most complete collection of Spanish painting in the world.	El Prado tiene la colección más completa de pintura española del mundo.
Las Meninas (The Maids of Honor) is one of Velázquez's many masterpieces.	*Las meninas* es una de las muchas obras maestras de Velázquez.
The Old Guitarist is from Picasso's blue period.	*El guitarrista viejo* es del período azul de Picasso.
The Cuban singer Celia Cruz was known as "the Queen of Salsa."	La cantante cubana Celia Cruz fue conocida como «la reina de la salsa».

Don Quijote and Don Juan are two characters from Spanish literature who became important universal symbols.

Don Quijote y Don Juan son dos personajes de la literatura española que llegaron a ser importantes símbolos universales.

Refranes, expresiones y citas

to take the lead

llevar la batuta

Life is folly, and for good or bad, we have to live it.

El mundo es un fandango, y bien o mal, hay que bailarlo. [el fandango *Spanish dance*; fig., *foolishness, folly*]

Take your nonsense elsewhere. / Get lost.

Que te vayas con la música a otra parte.

"La arquitectura es una música de piedras, y la música, una arquitectura de sonidos."
LUDWIG VON BEETHOVEN

"Cuando yo era pequeño mi madre me decía: Si te haces soldado llegarás a general, si te haces cura, llegarás a ser Papa. En cambio de todo eso decidí ser pintor y me convertí en Picasso."
PABLO PICASSO

"No sé si mis pinturas son o no son surrealistas pero de lo que estoy segura es que son la expresión más franca de mi ser."
FRIDA KAHLO

"El teatro es poesía que se sale del libro para hacerse humana."
FEDERICO GARCÍA LORCA

"El drama es la vida, después de que le quitamos las partes aburridas."
ALFRED HITCHCOCK

"La actuación debería ser más grande que la vida. Los guiones deberían ser más grandes que la vida. Todo debería ser más grande que la vida."
BETTE DAVIS

"Creo que el cine ejerce cierto poder hipnótico en el espectador. No hay más que mirar a la gente cuando sale a la calle, después de ver una película: callados, cabizbajos, ausentes."
LUIS BUÑUEL

"La música es la manera divina de contar cosas poéticas y bellas al corazón."
PABLO CASALS

"La música se ha hecho para lo inexpresable."
CLAUDE DEBUSSY

"El mundo entero es un teatro, y todos los hombres y mujeres simplemente actores; Tienen sus salidas y sus entradas, y un hombre en su tiempo desempeña muchos papeles. Sus actos son siete edades."
WILLIAM SHAKESPEARE

Ejercicio 62

Complete each phrase so that it expresses the meaning of the English phrase.

1. *woodwinds*   los instrumentos de _____

2. *a masterpiece*   _____ maestra

3. *at exactly eight o'clock*   a las ocho _____

4. *available tickets*   entradas _____

5. *avant-guard art*   el arte _____

6. *sound engineer*   el ingeniero de _____

7. *Everyone on stage!*   ¡Todo el mundo _____!

8. *the world premiere*   _____ mundial

9. *an oil painting*   una pintura _____

10. *brass*   los instrumentos de _____

11. *fine arts*   _____ artes

12. *the conductor*   _____ de orquesta

13. *these movie stars*   _____ de cine

14. *It's 11:00 PM.*   Son las once _____.

15. *the still life*   _____ muerta

16. *some foreign films*   unas películas _____

17. *sold-out tickets*   los boletos _____

18. *a blockbuster*   un éxito _____

19. *an inspiring script*   _____ inspirador

20. *"The Golden Age of Hollywood"*   "_____ de Hollywood"

Ejercicio 63

Select the verb from the following list that correctly completes each phrase.

| aplaudir | comenzar | tocar | entrar | hacer | pintar | rodar |
| representar | dirigir | abrir | doblar | ganar | poner | estrenar |

1. Sé _____ el violín.

2. El maestro prefiere _____ la orquesta con batuta.

3. El protagonista acaba de _____ en escena.

4. ¿Sabes si van a _____ ese film extranjero en el Multiplex?

5. El actor espera _____ el papel de Julio César.

6. Esta película debe _____ el Óscar.

7. Los actores van a _____ una gira nacional.

8. Tienen que _____ el film francés al inglés.

9. La orquesta va a _____ (por primera vez) la nueva sinfonía en julio.

10. Diego se dedica a _____ al óleo.

11. La taquilla va a _____ a las once.

12. ¿Cuándo van a _____ los ensayos para el concierto?

13. El director piensa _____ la película a principios del mes.

14. El público no dejó de _____ a los cantantes.

Ejercicio 64

Unscramble the letters in the following items to find out which musical instruments are being played in the orchestra.

1. mtreatop _____

2. beoo _____

3. onilív _____

4. reunóipcs _____

5. ulaatf _____

6. hnilooleovc _____

7. tanelirce _____

8. bmrontó _____

9. coiocpl _____

10. goatf _____

Ejercicio 65

Give a noun phrase (definite article + noun) found in this chapter that is related to the verb given.

1. bailar _____

2. entrar _____

3. grabar _____

4. aplaudir _____

5. actuar _____

6. interpretar _____

7. dibujar _____

8. pintar _____

9. dirigir _____

10. esculpir _____

11. ensayar _____

12. estrenar _____

Ejercicio 66

Use the vocabulary in this chapter to discuss the following topics.

1. **La música.** Tell about your musical interests: what kind of music you like and your favorite instrumental and vocal performers. Talk about the musical instrument you play and your experience playing in an orchestra or band.

   _____

   _____

   _____

   _____

   _____

2. **El teatro.** Describe a play you attended, the actors who performed, and what roles they played. What did you like or not like about the play?

   _____

   _____

   _____

   _____

   _____

3. **El cine.** Tell about a film you saw and why you liked or didn't like it. What are your favorite films? Who are your favorite actors and directors?

   _____

   _____

   _____

   _____

   _____

4. **El arte.** Describe the paintings and sculpture you see as you walk around the art museum. Who are your favorite artists? Describe some of their works. If you paint or do other types of art, talk about your work.

   _____

   _____

   _____

   _____

   _____

Ejercicio 67

Give the Spanish cognate for each of the following English words. Provide the definite article with the noun.

1. orchestra _____
2. gallery _____
3. ceramics _____
4. prodigy _____
5. balcony _____
6. tragedy _____
7. melody _____
8. protagonist _____

9. concert _____
10. guitarist _____
11. theater _____
12. dialogue _____
13. curator _____
14. palette _____
15. photographer _____

Ejercicio 68

Match each phrase in the first column with a phrase in the second column that is related to it.

1. _____ el clarinete
2. _____ cantantes
3. _____ fin del espectáculo
4. _____ el intermedio
5. _____ la viola
6. _____ entradas disponibles
7. _____ los actores
8. _____ el guión
9. _____ el trombón
10. _____ el cinéfilo
11. _____ las pinturas
12. _____ la partitura

a. cae el telón
b. instrumento de cuerda
c. la taquilla
d. el coro
e. instrumento de viento de metal
f. óleos y acuarelas
g. instrumento de viento de madera
h. el director de orquesta
i. entre los actos
j. el dramaturgo
k. aficionado al cine
l. el elenco

Ejercicio 69

Translate the following sentences into Spanish.

1. *Do you (tú) know how to play the piano?*

   _____

2. *The audience applauded and called for an encore.*

   _____

3. *The actors are going to begin the rehearsal at 1:30.*

   _____

4. *We're going to see the play tomorrow evening.*

   _____

5. *At what time does the box office close?*

   _____

6. *Are there tickets available for the nine o'clock show?*

   _____

7. *The show is a blockbuster; it has been running for three years.*

   _____

   _____

8. *The art connoisseurs like these abstract paintings.*

   _____

9. *They're shooting a film in our city.*

   _____

10. *The orchestra premiered the symphony last night. It's innovative but accessible.*

    _____

    _____

11. *I like to paint landscapes, portraits, and still lifes.*

    _____

12. *There's an exhibition of my paintings at the Goya Gallery.*

    _____

    _____

Las profesiones, los países, las nacionalidades y los idiomas
Professions, countries, nationalities, and languages

In this chapter, you will learn the Spanish terms for the professions and vocabulary related to the workplace. You will learn the Spanish names of countries, nationalities, and languages, and you'll be able to talk about your nationality and background, as well as ask others where they are from.

What's your profession?	*¿Cuál es su profesión?*
accountant	el/la contable, el contador / la contadora
actor	el actor
actress	la actriz
analyst	el/la analista
anthropologist	el antropólogo / la antropóloga
archaeologist	el arqueólogo / la arqueóloga
architect	el arquitecto / la arquitecta
artist	el/la artista
astronaut	el/la astronauta
babysitter	el niñero / la niñera
baker	el panadero / la panadera
bank clerk	el empleado / la empleada de banco
barber	el barbero
bookseller	el librero / la librera
business manager	el/la gerente, el director / la directora
businessman	el hombre de negocios
businesswoman	la mujer de negocios
butcher	el carnicero / la carnicera
carpenter	el carpintero / la carpintera
chef	el cocinero / la cocinera, el jefe / la jefa de cocina
chemist	el químico / la química
composer	el compositor / la compositora
computer engineer	el ingeniero informático / la ingeniera informática, el ingeniero / la ingeniera en computación

conductor	el director / la directora de orquesta
consultant	el asesor / la asesora, el consultor / la consultora
contractor	el/la contratista
craftsman	el artesano / la artesana
dean (university)	el decano / la decana
dentist	el/la dentista
designer	el diseñador / la diseñadora
dietician	el/la dietista, el/la nutricionista, el nutriólogo [MEX.], el/la especialista en dietética [SP.]
diplomat	el diplomático / la diplomática
doctor	el/la médico
domestic worker	el empleado doméstico / la empleada doméstica
driver	el conductor / la conductora
economist	el/la economista
electrician	el/la electricista
engineer	el ingeniero / la ingeniera
farmer	el granjero / la granjera, el agricultor / la agricultora
fashion designer (haute couture)	el diseñador / la diseñadora de alta costura, el modisto / la modista
financial advisor	el asesor financiero / la asesora financiera
firefighter	el bombero / la bombera
fisherman	el pescador
fisherwoman	la pescadora
flight attendant	el/la asistente de vuelo, el/la auxiliar de vuelo
foreman	el capataz
forewoman	la capataz/capataza
gardener	el jardinero / la jardinera
government employee	el empleado / la empleada de gobierno, el funcionario / la funcionaria
graphic designer	el diseñador gráfico / la diseñadora gráfica
hairdresser	el peluquero / la peluquera
hotel manager	el hotelero / la hotelera, el director / la directora de hotel, el/la gerente de hotel
housekeeper	el amo / el ama de llaves
househusband	el amo de casa
housewife	el ama de casa [fem.]
information technology (IT) director	el director / la directora de informática
jeweler	el joyero / la joyera
journalist	el/la periodista
judge	el juez / la juez/jueza

laborer	el obrero / la obrera
lawyer	el abogado / la abogada
librarian	el bibliotecario
linguist	el/la lingüista
mail carrier	el cartero / la cartera
manager	el/la gerente
massage therapist	el/la masajista
mechanic	el mecánico / la mecánica
medical examiner	el médico forense / la médico/médica forense
midwife	la partera, la matrona, la comadrona
miner	el minero / la minera
model	el/la modelo
musician	el/la músico
nanny	la niñera, la nana [MEX.]
nurse	el enfermero / la enfermera
office worker	el/la oficinista, el empleado / la empleada de oficina
optometrist	el/la optometrista
orchestra conductor	el director / la directora de orquesta
painter	el pintor / la pintora
pastry chef	el pastelero / la pastelera, el repostero / la repostera
performer	el/la artista, el/la intérprete
pharmacist	el farmacéutico / la farmacéutica, el boticario / la boticaria
physical therapist	el/la fisioterapeuta, el terapista físico / la terapista física [MEX.], el kinesiólogo / la kinesióloga
physician	el/la médico
physicist	el físico / la física
pilot	el piloto / la pilota
plumber	el plomero / la plomera, el fontanero / la fontanera
police officer	el/la policía
politician	el político / la política
programmer	el programador / la programadora
project manager	el gestor / la gestora de proyecto, el director / la directora de proyecto
proprietor	el propietario / la propietaria, el dueño / la dueña
psychiatrist	el/la psiquiatra
psychologist	el psicólogo / la psicóloga
psychotherapist	el/la psicoterapeuta, el/la psicoterapista
public servant	el funcionario / la funcionaria

real estate agent	el/la agente de bienes raíces, el agente inmobiliario / la agente inmobiliaria
receptionist	el/la recepcionista
reporter	el reportero / la reportera
sailor	el marinero / la marinera
sales clerk	el dependiente / la dependiente/dependienta
sales representative	el/la representante de ventas, el promotor / la promotora de ventas
salesman	el vendedor
saleswoman	la vendedora
scientist	el científico / la científica
secretary	el secretario / la secretaria
security engineer	el ingeniero / la ingeniera de seguridad
shoemaker	el zapatero / la zapatera
social worker	el/la asistente social
soldier	el/la soldado
sound engineer	el ingeniero / la ingeniera de sonido, el ingeniero / la ingeniera de grabación
stockbroker	el corredor / la corredora de bolsa
surgeon	el cirujano / la cirujana
tailor	el sastre / la sastre/sastra
taxi driver	el/la taxista
teacher	el profesor / la profesora, el maestro / la maestra
technician	el técnico / la técnica
tour guide	el/la guía de turismo
translator	el traductor / la traductora, el/la intérprete
truck driver	el camionero / la camionera
TV news anchor	el presentador / la presentadora de noticias
veterinarian	el veterinario / la veterinaria
waiter	el mesero, el camarero
waitress	la mesera, la camarera
watchmaker	el relojero / la relojera
web designer	el diseñador / la diseñadora de web
worker	el trabajador / la trabajadora
writer	el escritor / la escritora

Where do you work? ¿Dónde trabaja Ud.?

I work at a firm.	Yo trabajo en una empresa.
at an airport	en un aeropuerto
in an art gallery	en una galería de arte / una pinacoteca

›››

at a bank	en un banco
in a conservatory	en un conservatorio
in a courtroom	en una sala (de justicia)
in a department store	en una tienda por departamentos
in a factory	en una fábrica
on a farm	en una granja
at a gas station	en una gasolinera
in a government department	en un departamento gubernamental, en un ministerio
at home	en casa
in a hospital	en un hospital
at an international company	en una compañía internacional
in an Internet café	en un cibercafé
in a laboratory	en un laboratorio
in a law office/firm	en un bufete
in a medical office	en un consultorio
at a military facility	en una base militar
in a museum	en un museo
at a navy yard / naval base	en una base naval
in an office	en una oficina
in a private hospital	en una clínica
in a production and recording studio	en un estudio de producción y grabación
at a resort	en un centro turístico
in a restaurant	en un restaurante
in a school	en una escuela, en un colegio, en una preparatoria, en una secundaria
at a state agency	en una agencia estatal
at the stock exchange	en la bolsa
in a store/shop	en una tienda
in a studio (artist)	en un taller
in a theater	en un teatro
at a university	en una universidad

Unlike English, Spanish omits the indefinite article **un/una** with a profession in phrases like **soy arquitecto** *I am an architect.*

At work / En el trabajo

Felipe is a consultant.	Felipe es asesor.
earns a good salary	gana un buen sueldo

>>>

earns a living	(se) gana la vida
works in a multinational company	trabaja en una compañía multinacional, chambea en una compañía multinacional [MEX.]
gets a pension	recibe una pensión/jubilación
gets a raise	recibe un aumento de sueldo
has a full-time job	tiene un empleo de tiempo completo, tiene una chamba de tiempo completo [MEX.]
has a part-time job	tiene un empleo de medio tiempo / de tiempo parcial, tiene una chamba de medio tiempo / de tiempo parcial [MEX.]
has many benefits	tiene muchos beneficios
is fluent in English	domina el inglés
is overqualified	está sobrecalificado/sobrecualificado
is retired	está jubilado
is underemployed	está subempleado
is unemployed	está desempleado
knows/speaks three languages	conoce tres idiomas
wants to work in the Mexico City branch	quiere trabajar en la sucursal de Ciudad de México

The firm is going to hire five hundred employees.	La empresa va a contratar a quinientos empleados.
to fire	despedir (e > i)
to relocate	reubicar, trasladar
to train	capacitar, entrenar

The workers plan to sign the collective bargaining agreement.	Los obreros piensan firmar el convenio colectivo de trabajo.
to ask for paid vacations	pedir (e > i) vacaciones pagadas
to demand a bonus	exigir el pago de una prima/gratificación/ bonificación
to form a union	formar/fundar un sindicato
to go on strike	hacer huelga, ponerse en huelga, declararse en huelga
to retire	jubilarse, retirarse

Christmas (year-end) bonus	el aguinaldo
disability insurance	el seguro por invalidez
health insurance	el seguro médico
life insurance	el seguro de vida
minimum wage	el sueldo / el salario mínimo, el sueldo vital

pension plan	el plan de pensiones/retiro/jubilación
salary	el salario, el sueldo
bimonthly	quincenal
daily	diario
monthly	mensual
weekly	semanal
yearly	anual
strikebreaker, scab	el rompehuelgas, el esquirol
unemployment insurance	el seguro de paro
They're paid by the week.	Se les paga por semana.

In Spanish, to ask where someone is from, form a question using the verb **ser** *to be*: **¿De dónde es Ud.?** (neutral, acceptable in all situations); **¿De dónde eres?** (informal); **Su nacionalidad, por favor** (formal). The preposition always precedes the interrogative word: **¿De dónde es?**, **¿De qué origen es?**, **¿En qué país están?**

Countries and nationalities   Los países y las nacionalidades

Where are you from?	¿De dónde es Ud.?
I'm Spanish.	Soy español/española.
What country were you born in?	¿En qué país nació?
I was born in Spain.	Nací en España.

El gentilicio is the name given to a people of a particular country, city, or region that identifies them as coming from that place. These are called adjectives of nationality or adjectives of place in English.

Spanish-speaking countries	Países hispanohablantes	*Adjectives of nationality*	Gentilicios
Argentina	(la) Argentina	*Argentinian*	argentino/a
Bolivia	Bolivia	*Bolivian*	boliviano/a
Chile	Chile	*Chilean*	chileno/a
Colombia	Colombia	*Colombian*	colombiano/a
Costa Rica	Costa Rica	*Costa Rican*	costarricense
Cuba	Cuba	*Cuban*	cubano/a
Dominican Republic	(la) República Dominicana	*Dominican*	dominicano/a
Ecuador	Ecuador	*Ecuadorian*	ecuatoriano/a
El Salvador	El Salvador	*Salvadoran*	salvadoreño/a

(cont.)

In Spanish, adjectives of nationality that end in -o in the masculine singular have the expected four forms of all adjectives whose masculine singular ends in -o: chileno/chilena/chilenos/chilenas.

Adjectives of nationality that end in a consonant also have four forms. An -a is added to form the feminine, and the masculine plural ends in -es, not -os: español/española/españoles/españolas.

Adjectives of nationality that have an accent mark on the last syllable of the masculine singular lose the accent mark when an ending is added: inglés/inglesa/ingleses/inglesas.

Adjectives of nationality that end in a vowel other than -o have only two forms; many of these have the suffix -ense: estadounidense/estadounidenses, israelí/israelíes.

Spanish-speaking countries	Países hispanohablantes	Adjectives of nationality	Gentilicios
Guatemala	Guatemala	Guatemalan	guatemalteco/a
Honduras	Honduras	Honduran	hondureño/a
Mexico	México	Mexican	mexicano/a
Nicaragua	Nicaragua	Nicaraguan	nicaragüense
Panama	(el) Panamá	Panamanian	panameño/a
Paraguay	(el) Paraguay	Paraguayan	paraguayo/a
Peru	(el) Perú	Peruvian	peruano/a
Puerto Rico	Puerto Rico	Puerto Rican	puertorriqueño/a
Spain	España	Spanish	español/española
Uruguay	(el) Uruguay	Uruguayan	uruguayo/a
Venezuela	Venezuela	Venezuelan	venezolano/a

Other countries	Otros países	Adjectives of nationality	Gentilicios
Afghanistan	Afganistán	Afghan	afgano/a
Albania	Albania	Albanian	albanés/albanesa
Algeria	Argelia	Algerian	argelino/a
Andorra	Andorra	Andorran	andorrano/a
Armenia	Armenia	Armenian	armenio/a
Australia	Australia	Australian	australiano/a
Austria	Austria	Austrian	austríaco/a
Bahrain	Bahrein, Baréin	Bahraini	bareiní
Belarus	Belarús, Bielorrusia	Belarusian	bielorruso/a

Other countries	Otros países	Adjectives of nationality	Gentilicios
Belgium	Bélgica	Belgian	belga
Bosnia	Bosnia	Bosnian	bosnio/a
Brazil	el Brasil	Brazilian	brasileño/a
Bulgaria	Bulgaria	Bulgarian	búlgaro/a
Cambodia	Camboya	Cambodian	camboyano/a
Canada	(el) Canadá	Canadian	canadiense
China	China	Chinese	chino/a
Croatia	Croacia	Croatian	croata
Cyprus	Chipre	Cypriot	chipriota
Czech Republic	República Checa	Czech	checo/a
Denmark	Dinamarca	Danish	danés/danesa
Egypt	Egipto	Egyptian	egipcio/a
England	Inglaterra	English	inglés/inglesa
Equatorial Guinea	Guinea Ecuatorial	Equatorial Guinean	guineoecuatoriano/a
Estonia	Estonia	Estonian	estonio/a
Ethiopia	Etiopía	Ethiopian	etíope
Finland	Finlandia	Finnish	finlandés/finlandesa
France	Francia	French	francés/francesa
Germany	Alemania	German	alemán/alemana
Gibraltar	Gibraltar	Gibraltarian	gibraltareño/a
Great Britain	Gran Bretaña	British	británico/a
Greece	Grecia	Greek	griego/a
Haiti	Haití	Haitian	haitiano/a
Holland	Holanda	Dutch	holandés/holandesa
Hungary	Hungría	Hungarian	húngaro/a
Iceland	Islandia	Icelandic	islandés/islandesa
India	(la) India	Indian	indio/a, hindú
Indonesia	Indonesia	Indonesian	indonesio/a
Iran	Irán	Iranian	iraní
Iraq	Irak, Iraq	Iraqi	iraquí
Ireland	Irlanda	Irish	irlandés/irlandesa
Israel	Israel	Israeli	israelí
Italy	Italia	Italian	italiano/a
Jamaica	Jamaica	Jamaican	jamaicano/a
Japan	(el) Japón	Japanese	japonés/japonesa
Jordan	Jordania	Jordanian	jordano/a
Kashmir	Cachemira	Kashmiri	cachemir/cachemira

(cont.)

Other countries	Otros países	Adjectives of nationality	Gentilicios
Korea	Corea	Korean	coreano/a
North Korea	Corea del Norte	North Korean	norte-coreano/a
South Korea	Corea del Sur	South Korean	surcoreano/a, sudcoreano/a
Kuwait	Kuwait, Kuweit	Kuwaiti	kuwaití
Laos	Laos	Laotian	laosiano/a
Latvia	Latvia, Letonia	Latvian	letón/letona
Lebanon	el Líbano	Lebanese	libanés/libanesa
Libya	Libia	Libyan	libio/a
Lithuania	Lituania	Lithuanian	lituano/a
Luxembourg	Luxemburgo	Luxembourger	luxemburgués/ luxemburguesa
Madagascar	República Malgache	Malagasy	malgache
Malaysia	Malasia	Malaysian	malasio/a
Moldova	Moldava, Moldavia	Moldovan	moldavo/a
Morocco	Marruecos	Moroccan	marroquí
Netherlands	los Países Bajos	Dutch	holandés/holandesa
New Zealand	Nueva Zelanda	New Zealander	neozelandés/ neozelandesa
Norway	Noruega	Norwegian	noruego/a
Oman	Omán	Omani	omaní
Pakistan	Paquistán, Pakistán	Pakistani	paquistaní, pakistaní
Philippines	Filipinas	Filipino	filipino/a
Poland	Polonia	Polish	polaco/a
Portugal	Portugal	Portuguese	portugués/portuguesa
Qatar	Catar	Qatari	catarí
Rumania	Rumania	Rumanian	rumano/a
Russia	Rusia	Russian	ruso/a
Saudi Arabia	Arabia Saudita	Saudi	saudí/saudita
Scotland	Escocia	Scottish	escocés/escocesa
Serbia	Serbia	Serbian	serbio/a
Slovakia	Eslovaquia	Slovak	eslovaco/a
Slovenia	Eslovenia	Slovenian	esloveno/a
Somalia	Somalia	Somali	somalí
South Africa	Sudáfrica	South African	sudafricano/a
Sudan	Sudán	Sudanese	sudanés/sudanesa
Sweden	Suecia	Swedish	sueco/a
Switzerland	(la) Suiza	Swiss	suizo/a

Other countries	Otros países	Adjectives of nationality	Gentilicios
Syria	Siria	*Syrian*	sirio/a
Taiwan	Taiwán	*Taiwanese*	taiwanés/taiwanesa
Thailand	Tailandia	*Thai*	tailandés/tailandesa
Tunisia	Túnez	*Tunisian*	tunecino/a
Turkey	Turquía	*Turkish*	turco/a
Uganda	Uganda	*Ugandan*	ugandés/ugandesa
Ukraine	Ucrania	*Ukrainian*	ucraniano/a, ucranio/a
United Arab Emirates	Emiratos Árabes Unidos	*Emirati*	emiratí
United States	los Estados Unidos	*American*	norteamericano/a, estadounidense
Vietnam	Vietnam	*Vietnamese*	vietnamita
Wales	Gales	*Welsh*	galés/galesa
Yemen	Yemen	*Yemeni*	yemení

City	Ciudad	Gentilicio
Athens	Atenas	ateniense
Barcelona	Barcelona	barcelonés/barcelonesa
Beijing	Beijing	pekinés/pekinesa, pequinés/pequinesa
Berlin	Berlín	berlinés/berlinesa
Bilbao	Bilbao	bilbaíno/bilbaína
Bogota	Bogotá	bogotano/bogotana
Buenos Aires	Buenos Aires	bonaerense, porteño/porteña
Caracas	Caracas	caraqueño/caraqueña
Florence	Florencia	florentino/florentina
Havana	La Habana	habanero/habanera
Hong Kong	Hong Kong	hongkonés/hongkonesa
Lima	Lima	limeño/limeña
London	Londres	londinense
Madrid	Madrid	madrileño/madrileña
Malaga	Málaga	malagueño/malagueña
Mexico City	Ciudad de México / México, D.F. (Distrito Federal)	capitalino/capitalina, chilango/chilanga [*colloquial*], defeño/defeña [< Distrito Federal, *colloquial*]
Moscow	Moscú	moscovita
New York	Nueva York	neoyorquino/neoyorquina
Paris	París	parisino/parisina, parisiense
Quito	Quito	quiteño/quiteña

(cont.)

City	Ciudad	Gentilicio
Rio de Janeiro	Río de Janeiro	carioca
Rome	Roma	romano/romana
San Juan	San Juan	sanjuanero/sanjuanera
Santiago	Santiago	santiaguino/santiaguina
Seville	Sevilla	sevillano/sevillana
Taipei	Taipéi	taipeiano/taipeiana
Tokyo	Tokio	tokiota
Toledo	Toledo	toledano/toledana
Valencia	Valencia	valenciano/valenciana
Vienna	Viena	vienés/vienesa

Using adjectives of nationality

What's the American astronaut's name?
 the Finnish composer
 the French pastry chef
 the Russian diplomat
 the Swiss watchmaker
 the Welsh linguist

I'm of English descent.
 Arabic
 Chinese
 Indian
 Japanese
 Portuguese
 Russian
 Scottish

Emplear los gentilicios

¿Cómo se llama el astronauta norteamericano?
 el compositor finlandés
 el pastelero francés
 el diplomático ruso
 el relojero suizo
 el lingüista galés

Yo soy de origen inglés.
 árabe
 chino
 hindú
 japonés
 portugués
 ruso
 escocés

Continents

Africa
Antarctica
Asia
Australia
Europe
North America
South America

Los continentes

África
la Antártida
Asia
Australia
Europa
Norteamérica
Sudamérica

All languages in Spanish are masculine and begin with a lowercase letter. In most contexts, the name of a language is preceded by the definite article. Some exceptions are **hablo inglés** *I speak English*, **estudiamos español** *we study Spanish*, **toma una clase de italiano** *he's taking an Italian class*, **leen en francés** *they read in French*.

Languages	Los idiomas
Afrikaans	el afrikáans
Albanian	el albanés
Arabic	el árabe
Armenian	el armenio
Basque	el vasco, el euskera
Belarusian (White Russian)	el bielorruso
Bulgarian	el búlgaro
Burmese	el birmano
Catalan	el catalán
Chinese	el chino
Croatian	el croata
Czech	el checo
Danish	el danés
Dutch	el holandés, el neerlandés
English	el inglés
Estonian	el estonio
Filipino	el filipino, el tagalo
Finnish	el finlandés
Flemish	el flamenco
French	el francés
Galician	el gallego
German	el alemán
(Classical) Greek	el griego antiguo
(Modern) Greek	el griego moderno
Hebrew	el hebreo
Hindi	el hindi
Hungarian	el húngaro
Icelandic	el islandés
Indonesian	el indonesio
Irish	el irlandés
Italian	el italiano
Japanese	el japonés

El español (el castellano) is the official language of Spain, but **el catalán, el gallego,** and **el euskera** are co-official in certain regions of the country. There are many indigenous languages spoken in Spanish America, and in some Spanish-speaking countries Spanish is co-official with indigenous languages: in Peru, **el español, el quechua,** and **el aymara**; in Paraguay, **el español** and **el guaraní**; in Bolivia, **el quechua, el aymara,** and **el tupi-guaraní**.

Khmer, Cambodian	el jemer, el khmer, el camboyano
Korean	el coreano
Kurdish	el kurdo
Latin	el latín
Latvian	el letón
Lithuanian	el lituano
Malagasy	el malgache
Norwegian	el noruego
Pashto	el pashto
Persian, Farsi	el persa, el farsi
Polish	el polaco
Portuguese	el portugués
Romansch	el retorrománico
Rumanian	el rumano
Russian	el ruso
Sanskrit	el sanscrito
Sardinian	el sardo
Serbian	el serbio
Sicilian	el siciliano
Slovak	el eslovaco
Slovene	el esloveno
Spanish	el español, el castellano
Swahili	el swahili, el suajili
Swedish	el sueco
Tagalog	el tagalo, el filipino, el tagalog
Tamil	el tamil
Thai	el tailandés
Tibetan	el tibetano
Turkish	el turco
Ukrainian	el ucraniano
Urdu	el urdú

Vietnamese	el vietnamita
Welsh	el gales
White Russian (Belarusian)	el bielorruso
Yiddish	el yidish

Para hablar un español auténtico

the Middle East	el Medio Oriente
the Far East	el Extremo/Lejano Oriente
Spanish is spoken here.	Aquí se habla español.
They speak English fluently.	Hablan inglés con soltura.
They are proficient in / have a good command of Russian.	Tienen buen dominio del ruso.
He has good linguistic skills.	Tiene mucha aptitud lingüística.
What's the capital of Spain?	¿Cuál es la capital de España?
What town are they from?	¿De qué pueblo son?
He became an American citizen.	Se hizo ciudadano estadounidense. / Se hizo ciudadano de los Estados Unidos.
The demographic data include the number of inhabitants.	Los datos demográficos incluyen el número de habitantes.
The world population is more than seven billion.	La población mundial es de más de siete mil millones.
Equatorial Guinea in Africa is a Spanish-speaking country.	Guinea Ecuatorial en África es un país hispanohablante.
What's your name?	¿Cómo se llama Ud.?
My name is Gabriela Díaz García.	Me llamo Gabriela Díaz García.

Refranes, expresiones y citas

Silence is golden.	En boca cerrada no entran moscas. / Por la boca muere el pez.
There's many a slip twixt the cup and the lip.	Del dicho al hecho hay mucho trecho.

«Quien no conoce las lenguas extranjeras nada sabe de la suya propia.»
  JOHANN WOLFGANG VON GOETHE

«Los límites de mi lenguaje significan los límites de mi mundo.»
  LUDWIG WITTGENSTEIN

«En el idioma está el árbol genealógico de una nación.»
  SAMUEL JOHNSON

«Algo sobrevivió en medio de las ruinas. Algo accesible y cercano: el lenguaje.»
  PAUL CELAN

«Cada idioma es un modo distinto de ver la vida.»
  FEDERICO FELLINI

«El hombre es tantas veces hombre cuanto es el número de lenguas que ha aprendido.»
  CARLOS I OF SPAIN/CARLOS V (Holy Roman Emperor)

«El lenguaje da forma a nuestro modo de pensar y determina en lo que podemos pensar.»
  BENJAMIN LEE WHORF

«España no está aquí, está en América. En México está la esencia más pura de España.»
  RAMÓN MARÍA DEL VALLE-INCLÁN

«No son las riquezas ni el esplendor, sino la tranquilidad y el trabajo, los que proporcionan la felicidad.»
  THOMAS JEFFERSON

Ejercicio 70

Complete each phrase so that it expresses the meaning of the English phrase.

1. *I'm of English descent.*   Soy de _____.

2. *a TV news anchor*   un presentador _____

3. *Silence is golden.*   En boca cerrada, _____.

4. *the bimonthly salary*   el sueldo _____

5. *life insurance*   _____ de vida

6. *some government employees*   unos empleados _____

7. *the Middle East*   el Medio _____

8. *a full-time job*   un empleo _____

9. *a Spanish-speaking country*   un país _____

10. *language proficiency*   _____ del idioma

11. *What is the capital of Chile?* ¿_____ de Chile?

12. *I'm an economist.*   Soy _____.

13. *the collective bargaining agreement* _____ de trabajo

14. *He's retired.*   Está _____.

15. *What city are you from?*   ¿_____ eres?

Ejercicio 71

Confirm that the nationalities of the people asked about are correct. Give the adjective of nationality (**el gentilicio**) that corresponds to the country of origin for each of the following people.

1. Sofía es de España, ¿verdad? Sí, es _____.

2. Juan Diego es de Guatemala, ¿verdad? Sí, es _____.

3. Sus primos son del Japón, ¿verdad? Sí, son _____.

4. Raquel y Rebeca son de Israel, ¿verdad? Sí, son _____.

5. Luis es de Bélgica, ¿verdad? Sí, es _____.

6. Tus bisabuelos son de Polonia, ¿verdad? Sí, son _____.

7. Tu cuñado es de Tailandia, ¿verdad? Sí, es _____.

8. Su esposa es de India, ¿verdad? Sí, es _____.

9. Su hijo adoptado es de Irán, ¿verdad? Sí, es _____.

10. Su nuera es de Nicaragua, ¿verdad? Sí, es _____.

11. Teresa y Rosa son de Alemania, ¿verdad? Sí, son _____.

12. Antonio es de Marruecos, ¿verdad? Sí, es _____.

13. Uds. [masc.] son de los Estados Unidos, ¿verdad? Sí, somos _____.

14. Eres de Vietnam, ¿verdad? Sí, soy _____.

15. Tu yerno es de Puerto Rico, ¿verdad? Sí, es _____.

Ejercicio 72

Give the country each person works in, using the adjective of nationality provided as a cue.

1. El arqueólogo inglés trabaja en _____.

2. La dentista danesa trabaja en _____.

3. La cirujana norteamericana trabaja en _____.

4. El guía de turismo panameño trabaja en _____.

5. La actriz húngara trabaja en _____.

6. El hotelero sudafricano trabaja en _____.

7. El programador argentino trabaja en _____.

8. El traductor austríaco trabaja en _____.

9. La modista francesa trabaja en _____.

10. La empleada de banco surcoreana trabaja en _____.

Ejercicio 73

Give the official language(s) spoken in each of the following countries.

1. Uruguay _____
2. Irán _____
3. Arabia Saudita _____
4. República Checa _____
5. Austria _____

6. Afganistán _____
7. Tailandia _____
8. Brasil _____
9. Canadá _____
10. Israel _____

Ejercicio 74

Match each professional in the first column with his or her probable place of work in the second column.

1. _____ actriz
2. _____ soldado
3. _____ enfermero
4. _____ obrero
5. _____ empleado doméstico
6. _____ corredor
7. _____ dependiente
8. _____ artesana
9. _____ cocinero
10. _____ funcionaria
11. _____ agricultor
12. _____ químico

a. la bolsa
b. la fábrica
c. la base militar
d. el laboratorio
e. el restaurante
f. el teatro
g. el taller
h. la casa
i. el departamento gubernamental
j. la granja
k. la tienda
l. el hospital

Ejercicio 75

Select the verb from the following list that correctly completes each sentence.

recibe   firma   se jubila   capacita   está
despide   es   muere   traslada   exige

1. La empresa _____ a los trabajadores nuevos.

2. El empleado _____ el aguinaldo una semana antes de la Navidad.

3. El jefe de la compañía _____ al gerente a otra sucursal.

4. Por la boca _____ el pez.

5. El sindicato _____ el convenio.

6. El secretario _____ vacaciones pagadas.

7. Mercedes _____ de origen polaco.

8. Rafael ya no quiere trabajar. Él _____ este año.

9. La compañía _____ a trescientos empleados por la economía lenta.

10. El hombre de negocios _____ en Chile.

Ejercicio 76

Respond in Spanish with the list or description specified for each of the following situations.

1. Tell about yourself. Tell where you are from, your family background, what language(s) you speak, what your profession is, and where you work.

_____

_____

_____

_____

_____

2. Describe a foreign friend or a member of your family who was born abroad. Tell where he or she is from, the languages he or she speaks, his or her profession, and where that person works.

_____

_____

_____

_____

_____

3. Describe your professional life: what you do, where you work and with whom, working conditions, hours, salary, etc.

_____

_____

_____

_____

_____

Ejercicio 77

Translate the following sentences into Spanish.

1. *The manager plans to hire two accountants.*

   _____

2. *The workers are demanding paid vacations and disability insurance.*

   _____

   _____

3. *If the firm doesn't sign the collective bargaining agreement, the union is going to strike.*

   _____

   _____

4. *The company fired two hundred employees and relocated another three hundred.*

   _____

   _____

5. *The physicists and chemists are working together in the laboratory.*

   _____

   _____

6. *Jorge is a judge and his wife is a journalist.*

   _____

7. *She is French, of English and Spanish background.*

   _____

8. *Juan is from Switzerland. He speaks German, French, Italian, and Romansch.*

   _____

   _____

9. *What is that Finnish actress's name?*

   _____

10. *What Spanish-speaking country are they from?*

    _____

11. *They want to become American citizens.*

    _____

12. *Are you (Ud.) proficient in Chinese?*

    _____

Fiestas y celebraciones
Holidays and celebrations

This chapter presents vocabulary for talking about important secular and religious holidays in the United States and Spanish-speaking countries, especially Spain and Mexico. You will learn about important celebrations and be able to describe a birthday party or wedding you attended.

In Spain, Columbus Day is a national holiday celebrated on October 12, where it is known as **el Día de la Hispanidad (la Fiesta Nacional de España)**. In many Latin American countries, the holiday is celebrated as **el Día de la Raza**.

National holidays

Today we're celebrating <u>Thanksgiving</u>.
  Christmas
  Columbus Day
  Father's Day
  Flag Day
  Independence Day
  Labor Day
  Martin Luther King Day, the birthday
    of Martin Luther King
  Memorial Day
  Mother's Day
  New Year's Day
  Presidents' Day
  Valentine's Day
  Veterans' Day

Las fiestas nacionales

Hoy celebramos <u>el Día de Acción de Gracias.</u>
  la Navidad
  el Día de Cristóbal Colón, el Día de la Raza
  el Día del Padre
  el Día de la Bandera
  el Día de la Independencia
  el Día del Trabajo
  el Día de Martin Luther King, el Natalicio de
    Martin Luther King
  el Día de los Caídos
  el Día de la Madre
  el Día de Año Nuevo
  el Día de los Presidentes
  el Día de San Valentín / el Día de los Enamorados
  el Día de los Veteranos

Other holidays and celebrations

Christmas Eve
Cinco de Mayo
Halloween

Otros días festivos y celebraciones

la Noche Buena
el Cinco de Mayo
la Víspera del Día de Todos los Muertos, la Noche de
  las Brujas

| New Year's Eve | la Noche Vieja, la Víspera de Año Nuevo, el Fin de Año |
| Saint Patrick's Day | el Día de San Patricio |

Ritual fasting is practiced by Christians, Jews, and Muslims during Lent, Yom Kippur, and Ramadan, respectively. In Spanish, *to fast* is **ayunar**, and *fast* is **el ayuno**. The Spanish word **desayunar** *to breakfast* (*to have breakfast*) combines the prefix **des** *to undo* with **ayunar** *to fast*, meaning "to break fast."

Religious holidays — Las fiestas religiosas

Christian holidays — Las fiestas cristianas

All Saints Day	el Día de Todos los Santos
All Souls Day, Day of the Dead	el Día de los Muertos, el Día de los Fieles Difuntos
Christmas	la Navidad
Easter	la Pascua
Easter Sunday	el Domingo de Resurrección
Epiphany	la Epifanía
Good Friday	el Viernes Santo
Holy Week	la Semana Santa
Lent	la Cuaresma
Mardi Gras, Shrove Tuesday	el Martes de Carnaval
Palm Sunday	el Domingo de Ramos

Jewish holidays — Las fiestas judías

Hanukkah (Festival of Lights)	Januká, Janucá (la Fiesta de las Luces)
Holocaust Remembrance Day (Yom HaShoah)	el Día del Recuerdo del Holocausto
Passover	Pésaj, la Pascua judía
Purim	Purim
Rosh Hashanah	Rosh Hashaná
Yom Kippur (Day of Atonement)	Yom Kippur (el Día de la Expiación)

An Islamic holiday — Una fiesta islámica

| *Ramadan* | Ramadán |

Christmas and Hanukkah — La Navidad y Januká

Christmas carol	el villancico (navideño)
Christmas Eve (midnight) mass	la misa del gallo [el gallo *rooster*]
Christmas tree	el árbol de Navidad, el árbol navideño
Happy holidays!	¡Felices fiestas!

holly	el acebo
menorah, Hanukkah menorah (hanukkiah)	la menorá, la januquía
mistletoe	el muérdago

La Semana Santa *Holy Week* is celebrated throughout Spain during the last week of **la Cuaresma** *Lent* and culminating on **el Domingo de Resurrección** *Easter Sunday*.

A ritual of **la Noche Vieja** *New Year's Eve* is the eating of twelve grapes at midnight, one grape for each chime that sounds on the clock in the Puerta del Sol in Madrid.

In Spain, Mexico, and other Latin American countries, children traditionally receive holiday gifts on January 6, **el Día de los Reyes Magos** *Three Kings Day*.

Spanish holidays and festivals ## Las fiestas y los festivales españoles

Spanish holidays and festivals	**Las fiestas y los festivales españoles**
April Fair (Seville)	La Feria de Abril (Sevilla)
Holy Week	la Semana Santa
Fallas of Valencia	Las Fallas de Valencia
New Year's Eve	la Noche Vieja
Running of the Bulls (Pamplona)	Las Fiestas de San Fermín, Los Sanfermines
patron saint celebrations, patronage festivals	las fiestas patronales
Three Kings Day, Epiphany	el Día de los Reyes Magos, la Epifanía

In Mexico, on November 2, which is **el Día de los Muertos** *Day of the Dead*, people gather to remember and pray for the dead.

Cinco de Mayo *May Fifth* celebrates the Mexican victory over the French at the Battle of Puebla in 1862.

Mexico celebrates the Christmas holidays with **Las Posadas** (**posada** *lodging*) which is the reenactment of Mary and Joseph's journey from Nazareth to Bethlehem in search of a place to stay.

Las Fiestas de San Fermín or **los Sanfermines** *the festival of San Fermín* take place each year in Pamplona, Spain from July 7 to July 14. The highlight is the famous **encierro** *the running of the bulls*. There is **una corrida de toros** *a bullfight* every afternoon, in which six bulls that were in the running are driven to **la plaza de toros** *the bullring*.

La fiesta patronal is a yearly celebration dedicated to a saint who is the patron of the city, town, or country holding the event. **San Isidro Labrador**, the patron saint of Madrid, is celebrated on May 15; **la Virgen de Guadalupe**, the patron saint of Mexico, is celebrated on December 12.

Mexican holidays and festivals

Las fiestas y los festivales mexicanos

All Saints Day	el Día de Todos los Santos
All Souls Day, Day of the Dead	el Día de los Muertos, el Día de los Fieles Difuntos
Cinco de Mayo, May Fifth	el Cinco de Mayo
New Year's Eve	el Fin de Año
Independence Day	el Día de la Independencia, la fiesta patria
Las Posadas (Christmas)	Las Posadas (Navidad)
Our Lady of Guadalupe feast day	el Día de Nuestra Señora de Guadalupe
Three Kings Day, Epiphany	el Día de los Santos Reyes, la Epifanía

In Latin America, a girl's fifteenth birthday is celebrated with a special event known as the **quinceañera**. Celebrations range from informal festivities at home, sometimes of a religious nature, to lavish, formal parties in hotels. The young woman is called **la quinceañera**. **El quince** is reminiscent of the Sweet Sixteen celebration in the United States.

Rites and rituals

Los ritos y los rituales

baptism	el bautizo
bar mitzvah (boy)	el bar mitzvah
bat mitzvah (girl)	el bat mitzvah
birthday	el cumpleaños
fifteenth birthday party	la fiesta de quince años, la fiesta de los quince, la fiesta de la quinceañera
bris, brit (Covenant of Circumcision)	la Brit Milá (la alianza de la circuncisión)
first communion	la primera comunión
mass	la misa
Sabbath, Shabbat (Saturday)	el Shabat
saint's day	el día del santo
wedding	la boda

In Spanish, the present subjunctive is used in dependent noun clauses that mark events or states that the speaker considers not part of reality or of his or her experience. A dependent noun clause may follow a main clause that expresses wants, expectation, or doubt: **quiero que den una fiesta** *I want them to throw a party*, **espero que den una fiesta** *I hope they'll throw a party*, **dudo que den una fiesta** *I doubt they'll throw a party*. The verb form (**ellos**) **den** is a present subjunctive form and contrasts with the present indicative form (**ellos**) **dan**.

Parties and get-togethers

They want us to attend the party.
  the baby shower
  the bachelor party
  the bachelorette party
  the banquet
  the birthday party
  the business dinner
  the charity event
  the closing celebration
  the cocktail party
  the corporate event
  the costume/masquerade ball
  the family gathering
  the fancy dress ball
  the food festival
  the fund-raising event
  the gala dinner
  *the golden wedding anniversary
     celebration*

  the housewarming party
  the music festival
  the opening celebration
  the pre-game party
  the retirement party
  the street festival
  the wedding party/celebration
  the wedding reception
  *the welcome home party, the
     homecoming celebration*
  the working dinner

Las fiestas y las reuniones

Quieren que asistamos a la fiesta.
  al baby shower
  a la despedida de soltero
  a la despedida de soltera
  al convite, al banquete
  a la fiesta de cumpleaños
  a la cena de negocios
  a la gala benéfica
  a la celebración de clausura
  al cóctel, al coctel
  al evento corporativo
  al baile de disfraces [el disfraz]
  a la fiesta familiar
  al baile de disfraces
  a la fiesta gastronómica
  a la gala para recaudar fondos
  a la cena de gala
  a la celebración de las bodas de oro

  a la fiesta de inauguración, a la fiesta de estreno
  al festival de la música
  a la fiesta de inauguración
  a la fiesta previa al partido
  a la fiesta de retiro/jubilación
  a la fiesta callejera
  a la fiesta de bodas
  a la recepción de bodas
  a la fiesta de bienvenida

  a la cena de trabajo

Party activities

to blow out the candles
to celebrate
to clink glasses
to dance
*to entertain, to fête, to receive guests
   warmly*

Las actividades festivas

apagar/soplar las velas
celebrar, festejar
chocar las copas
bailar
agasajar

gift giving	la entrega de regalos
to give a gift	dar un regalo, regalar
to have a barbecue	hacer una barbacoa, hacer una parrilla
to have a drink	tomar un trago, tomar una copa
to have a good time	divertirse (e > ie), pasarlo bien
to invite	invitar
to make a wish	pedir (e > i) un deseo
to raise your glass	levantar/alzar la copa
to sing "Las Mañanitas" (traditional Mexican birthday song)	cantar "Las Mañanitas"
to toast	brindar, hacer un brindis
to throw a party	dar/organizar una fiesta
to wish someone well	desear todo lo mejor a alguien

Traditionally, people of Spanish heritage were named after a saint, celebrating their **día del santo** *saint's day* as well as (or sometimes instead of) their birthday. The "name day" is popular in many European and Latin American countries.

The birthday party — La fiesta de cumpleaños

to be thirty-two years old	cumplir treinta y dos años
balloon	el globo
birthday celebrant	el cumpleañero / la cumpleañera
cake	la torta, el pastel
candle	la vela
to celebrate	celebrar, festejar
celebration	la celebración, el festejo
champagne	el champán, el champagne, el champaña
Cheers!	¡Salud!
drinks	las bebidas
food	la comida
gift	el regalo
to give as a gift	regalar
Happy birthday!	¡Feliz cumpleaños!
hors d'oeuvres	las tapas, los aperitivos, los entremeses, las botanas [MEX.]
party	la fiesta
party favor	el recuerdo de fiesta
piñata	la piñata
surprise birthday party	la fiesta de cumpleaños sorpresa

toast	el brindis
wet blanket, party pooper	el/la aguafiestas

In Spanish, many compound nouns are formed by adding the plural form of a noun to the base of a verb. These nouns are always masculine and have the same form in singular and plural: **cumplir + años > el cumpleaños (los cumpleaños)** *birthday(s)*, **aguar + fiestas > el/la aguafiestas (los/las aguafiestas)** *wet blanket(s), party pooper(s)*.

The wedding — La boda

best man	el padrino
bridal bouquet	el ramo de novia
bridal party	el cortejo (nupcial)
bride	la novia
bridesmaid	la dama de honor
church	la iglesia
civil ceremony	la ceremonia civil
couple	la pareja, el matrimonio
to court	cortejar
engagement	el compromiso, el noviazgo
engagement ring	el anillo de compromiso
to fall in love (with)	enamorarse (de)
to get engaged (to)	comprometerse (con)
to get married (to)	casarse (con)
fiancé	el novio, el prometido
fiancée	la novia, la prometida
groom	el novio
guest	el invitado
honeymoon	la luna de miel
husband	el marido, el esposo
I do.	Acepto. [LAT. AM.], Sí, quiero. [SP.]
kiss	el beso
to kiss	besar
love	el amor
to love	querer (e > ie), amar
to love each other	quererse
maid of honor	la madrina
marriage	el matrimonio, el casamiento
marriage certificate	el certificado de matrimonio, la partida de matrimonio

marriage proposal	la petición de mano
marriage vows	los votos matrimoniales
to marry into (a family), to become part of (a family)	emparentar (con)
newlyweds	los recién casados
priest	el cura, el sacerdote, el padre
rabbi	el rabino
RSVP	SRC (se ruega contestación)
synagogue	la sinagoga
toast	el brindis
to toast	brindar
to toss the bridal bouquet	lanzar el ramo de novia
wedding anniversary	el aniversario de bodas
wedding announcement	el anuncio nupcial
wedding ceremony	la ceremonia de enlace, la ceremonia nupcial
wedding day	el día de la boda
wedding favor (gift given to guests)	el recuerdo de boda, el detalle de boda
wedding gift	el regalo de bodas
wedding gown	el traje/vestido de novia
wedding party	el cortejo nupcial
wedding planner	el organizador / la organizadora de bodas
wedding reception	el banquete de bodas
wedding (gift) registry	el registro de regalos de bodas
wedding ring	el anillo de boda, el anillo de matrimonio, la alianza
wife	la mujer, la esposa

Joyful and sad events — Los eventos felices y tristes

to be in mourning	estar de luto, estar de duelo
comfort, solace	el consuelo
to cry	llorar
custom	la costumbre
to express one's condolences	dar el pésame
My deepest sympathy.	Mi más sentido pésame.
funeral	el funeral
to give thanks	dar las gracias
giving thanks	la acción de gracias
happiness	la felicidad, la alegría
in honor of	en homenaje a
joy	la alegría, el regocijo

to laugh	reír(se) (e > í)
to laugh one's head off	reírse a carcajadas
to lay a wreath on someone's grave	poner/colocar una corona en la tumba
to look forward to the party, to be excited about the party	estar ilusionado por la fiesta
memory	la memoria, el recuerdo
in memory/remembrance of	en conmemoración de
military parade	el desfile militar
to mourn the death of, to grieve for	lamentar/llorar la muerte de
national cemetery	el cementerio nacional
nostalgia	la nostalgia, la añoranza
patriotism	el patriotismo
pride	el orgullo
to put flowers on the grave	poner flores en la tumba
sadness	la tristeza
to spoil one's fun/enjoyment	aguarle la fiesta a alguien
to throw a party, to go all out	echar/tirar la casa por la ventana
tradition	la tradición
wake	el velorio

Para hablar un español auténtico

His/Her birthday is/falls on Saturday.	Su cumpleaños cae en sábado.
It's an early / a belated birthday present.	Es un regalo adelantado/atrasado de su cumpleaños.
We gave our host and hostess a bottle of wine.	Les regalamos a los anfitriones una botella de vino. [el anfitrión / la anfitriona]
There were floats in the parade.	Había carrozas en el desfile.
The celebration ended with fireworks.	La celebración terminó con fuegos artificiales.
He crashed the party.	Él irrumpió en la fiesta.
Happy New Year!	¡Feliz año nuevo!
What a crazy party!	¡Qué juerga! [SP.] / ¡Qué pachanga! [MEX.]
What a party animal!	¡Qué fiestero! / ¡Qué pachanguero! [MEX.]
They're out partying as usual.	Andan de fiesta/juerga/pachanga como de costumbre.
The Gregorian calendar is used in the West.	Se usa el calendario gregoriano en el mundo occidental.

Refranes, expresiones y citas

Let's try to get along.	Tratemos de llevar la fiesta en paz.
Look before you leap.	Antes que te cases, mira lo que haces.
Don't get married or take a trip on Tuesday.	En martes ni te cases ni te embarques.
When the cat's away, the mice will play.	Cuando el gato no está, los ratones hacen fiesta.

"Hay trescientos sesenta y cuatro días en los que puedes conseguir regalos de no-cumpleaños, y solamente uno para regalos de cumpleaños, como sabes."

    LEWIS CARROLL

"Honraré la Navidad en mi corazón y procuraré conservarla durante todo el año."

    CHARLES DICKENS

"Cásate con un arqueólogo. Cuanto más vieja te hagas, más encantadora te encontrará."

    AGATHA CHRISTIE

"Casarse por segunda vez es el triunfo de la esperanza sobre la experiencia."

    SAMUEL JOHNSON

"El matrimonio es la principal causa de divorcio."

    GROUCHO MARX

"Todas las mujeres deberían casarse; los hombres, no."

    BENJAMIN DISRAELI

"Ten tus ojos bien abiertos antes del matrimonio; y medio cerrados después de él."

    BENJAMIN FRANKLIN

Ejercicio 78

Complete each phrase so that it expresses the meaning of the English phrase.

1. *Flag Day*   el Día de _____
2. *a birthday party*   una fiesta _____
3. *Thanksgiving*   el Día de _____
4. *gift giving*   _____ de regalos
5. *a business dinner*   una cena _____
6. *They fell in love.*   Ellos _____ .
7. *the welcome home party*   la fiesta _____
8. *Three Kings Day*   el Día de _____
9. *her wedding ring*   su _____ de boda
10. *midnight mass*   la misa _____
11. *Christmas Eve*   la Noche _____
12. *the charity event*   la gala _____
13. *saint's day*   el día _____
14. *a bridal bouquet*   _____ de novia
15. *the bachelor party*   _____ de soltero

16. *honeymoon*   la luna _____

17. *Holy Week*   la Semana _____

18. *fireworks*   los fuegos _____

19. *Columbus Day*   el Día de _____

20. *the newlyweds*   los _____ casados

Ejercicio 79

Match each item in the first column with the item that is related to it in the second column.

1. _____ el Día de la Independencia   a. Sevilla

2. _____ Las Posadas   b. la Epifanía

3. _____ la Noche Vieja   c. la fiesta patria

4. _____ la Feria de Abril   d. canciones navideñas

5. _____ las Fallas   e. la Fiesta de las Luces

6. _____ el Día de los Reyes Magos   f. la Víspera de Año Nuevo

7. _____ villancicos   g. la Semana Santa

8. _____ la quinceañera   h. la Navidad

9. _____ Januká   i. Valencia

10. _____ el Domingo de Ramos   j. fiesta de cumpleaños

Ejercicio 80

Select the verb that correctly completes each phrase.

1. Yo _____ a la cena de negocios. (asistí / trabajé)

2. Nosotros _____ por los novios. (brindamos / apagamos)

3. Nos _____ a una fiesta gastronómica. (recaudaron / invitaron)

4. Te _____ "Las mañanitas," ¿verdad? (cantaron / bailaron)

5. La novia _____ el ramo. (celebró / lanzó)

6. Los invitados _____ las copas. (chocaron / besaron)

7. Pilar _____ con Rafael. (se enamoró / se casó)

8. Roberto _____ con una familia rica. (emparentó / regaló)

9. Yo _____ una fiesta familiar. (cortejé / organicé)

10. Los fiesteros _____ en la gala. (irrumpieron / lanzaron)

Ejercicio 81

Give the name of a holiday that is celebrated in the United States in each of the following months. There might be more than one holiday for certain months.

1. enero _____
2. febrero _____
3. marzo _____
4. mayo _____
5. junio _____

6. julio _____
7. septiembre _____
8. octubre _____
9. noviembre _____
10. diciembre _____

Ejercicio 82

Give the name of the month in which each of these Spanish and Mexican holidays is celebrated.

1. la Feria de Sevilla _____
2. el Día de los Reyes Magos _____
3. el Día de la Hispanidad _____
4. el Día de los Muertos _____
5. Las Posadas _____
6. la Noche Vieja _____

Ejercicio 83

Give a noun phrase (definite article + noun) related to the verb given. There may be more than one noun for some verbs.

1. enamorarse _____
2. regalar _____
3. organizar _____
4. brindar _____
5. emparentar _____
6. festejar _____
7. despedirse _____
8. jubilar _____

9. tragar _____
10. comprometerse _____
11. celebrar _____
12. cumplir _____
13. recordar _____
14. casarse _____
15. beber _____
16. tragar _____

Ejercicio 84

Respond in Spanish with the list or description specified for each of the following situations.

1. **Cómo celebro mi cumpleaños.** Tell how and with whom you like to celebrate your birthday. Describe a party you had, discussing guests, decorations, gifts, food, etc.

_____

_____

_____

_____

_____

2. **Una boda.** Describe your wedding ceremony and celebration: where you were married, your guests, gifts, honeymoon, etc. If you prefer, describe a wedding you attended as a guest.

_____

_____

_____

_____

_____

3. **Mis fiestas favoritas.** Talk about your favorite holidays. Tell how you celebrate these holidays and why you like them.

_____

_____

_____

_____

_____

4. **Un evento.** Tell about an event you organized, perhaps a business or charitable event, or a bachelor or bachelorette party. What was the event for? What did you do? Was it successful?

_____

_____

_____

_____

_____

Ejercicio 85

Translate the following sentences into Spanish.

1. *Isabel turned twenty-three on Saturday.*

   _____

2. *We threw a surprise birthday party for her.*

   _____

3. *The birthday girl made a wish and blew out the candles on the cake.*

   _____

   _____

4. *We all sang "Happy Birthday" to her, clinked glasses, and made a toast.*

   _____

   _____

5. *Sofía and Mateo fell in love, got engaged, and got married.*

   _____

   _____

6. *The bride tossed the bridal bouquet.*

   _____

7. *Our Spanish friends want us to spend Holy Week with them in Madrid.*

   _____

   _____

8. *They plan to celebrate Christmas in Mexico.*

   _____

9. *Did you (Uds.) have a good time at the New Year's Eve party?*

   _____

   _____

10. *The Independence Day celebration ended with a parade and fireworks.*

    _____

    _____

13

El gobierno, la política y la sociedad
Government, politics, and society

This chapter presents vocabulary for talking about types of government, political systems, ideologies, and leaders. You will be able to discuss the political process, having learned vocabulary relevant to political parties, elections, and public opinion. You will also acquire the necessary vocabulary to talk about social problems in society.

Kinds of government
Los gobiernos

It's a _democratic_ country. — Es un país _democrático_.

capitalist	capitalista
communist	comunista
fascist	fascista
progressive	progresista
secular	secular, laico
socialist	socialista
totalitarian	totalitario

It's an _authoritarian_ country. — Es un país _autoritario_.

autocratic	autocrático

Political systems
Los sistemas políticos

That country is _a democracy_. — Ese país es _una democracia_.

an absolute monarchy	una monarquía absoluta
a constitutional monarchy	una monarquía constitucional
a dictatorship	una dictadura
a kingdom	un reino
a military dictatorship	una dictadura militar
a monarchy	una monarquía
an oligarchy	una oligarquía
a republic	una república
a theocracy	una teocracia
a welfare state	un estado de bienestar, un estado benefactor, un estado subsidiario

In many Latin American countries, political instability in the period after the independence movements of the early nineteenth century brought about the rise of the despotic military strongman known as **el caudillo,** whose power derived from a system of patronage and violence. **El caudillismo** is an important phenomenon in the political life of Latin America.

Rulers and leaders

czar	el zar
dictator	el dictador / la dictadora
emperor	el emperador
empress	la emperatriz
head of government	el jefe / la jefe/jefa de gobierno
head of state	el jefe / la jefe/jefa de estado
king	el rey
leader	el líder, el dirigente
military strongman	el caudillo [LAT. AM.]
monarch	el/la monarca
prince	el príncipe
princess	la princesa
queen	la reina
tyrant	el tirano

Los gobernantes

Ideologies

anarchism	el anarquismo
capitalism	el capitalismo
colonialism	el colonialismo
communism	el comunismo
conservatism	el conservadurismo, el conservatismo
despotism	el despotismo
fascism	el fascismo
imperialism	el imperialismo
jihadism	el yihadismo
liberalism	el liberalismo
libertarianism	el libertarismo
Marxism	el marxismo
militarism	el militarismo
nationalism	el nacionalismo
objectivism	el objetivismo

Las ideologías

populism	el populismo
progressivism	el progresismo
racism	el racismo
radicalism	el radicalismo
socialism	el socialismo
totalitarianism	el totalitarismo
Zionism	el sionismo

The Constitution of the United States — La Constitución de los Estados Unidos

The Constitution guarantees natural rights of life, liberty and the pursuit of happiness.

La Constitución garantiza los derechos naturales a la vida, la libertad y la búsqueda de la felicidad.

The first ten amendments of the Constitution of the United States make up the Bill of Rights.

Las primeras diez enmiendas de la Constitución de los Estados Unidos constituyen la Carta de Derechos.

federal government	el gobierno federal
freedom of assembly	la libertad de reunión pacífica
freedom of opinion	la libertad de opinión
freedom of the press	la libertad de prensa
freedom of religion	la libertad de religión, la libertad de culto
freedom of speech	la libertad de expresión
independence	la independencia
nation	la nación
power	el poder
right to keep and bear arms	el derecho a poseer y portar armas
right to petition the government for redress of grievances	pedir al gobierno la reparación de agravios (pedir e > ie)
rights and civil liberties	los derechos y las libertades civiles
separation of church and state	la separación del Estado y las iglesias
sovereignty	la soberanía

The departments of the federal government of the United States are called **departamentos** in Spanish. These departments are called **ministerios** or **secretarías** in the governments of Spanish-speaking countries.

The government — El gobierno

ambassador	el embajador / la embajadora
the bicameral legislature	la legislatura bicameral
branches of government	las ramas del gobierno

congress	el congreso
congressman	el representante, el congresista
congresswoman	la representante, la congresista
the court	la corte
department of government	el departamento [U.S.], el ministerio [SP.], la secretaría [MEX.]
executive branch	el poder ejecutivo
head of state	el jefe / la jefe/jefa de estado
the House of Representatives (U.S.)	la Cámara de Representantes
judge	el juez / la juez/jueza
the judiciary	el poder judicial
legislator	el legislador / la legisladora
legislature	la legislatura
member of parliament	el diputado / la diputada
parliament	el parlamento
president	el presidente / la presidente/presidenta
the president's cabinet	el gabinete del presidente
prime minister	el primer ministro / la primera ministra
representative	el/la representante
secretary (of a government department)	el secretario / la secretaria, el ministro / la ministra
Senate (U.S.)	el Senado
senator	el senador / la senadora
the Supreme Court	la Corte Suprema
vice president	el vicepresidente
Department of Agriculture	el Departamento de Agricultura
Department of Commerce	el Departamento de Comercio
Department of Defense	el Departamento de Defensa
Department of Education	el Departamento de Educación
Department of Energy	el Departamento de Energía
Department of Health and Human Services	el Departamento de Salud y Servicios Sociales
Department of Homeland Security	el Departamento de la Seguridad Nacional
Department of Housing and Urban Development	el Departamento de Vivienda y Desarrollo Urbano
Department of the Interior	el Departamento de Interior
Department of Justice	el Departamento de Justicia
Department of Labor	el Departamento de Trabajo
State Department	el Departamento de Estado
Department of the Treasury	el Departamento del Tesoro
Department of Veterans Affairs	el Departamento de Asuntos de los Veteranos

In the Congress

There are speeches.
  agreements
  bills
  coalitions
  committees
  deals
  debates
  disagreements
  motions
  votes (in favor of and opposed to)

to amend the constitution
to come to a decision
to deliberate
to filibuster
obstruction of justice
to pass a bill
perjury
to present a motion
to table a motion

National defense

He served in the Army.
  in the Navy
  in the Air Force
  in the Marine Corps
  in the Coast Guard
  in the National Guard
  on an aircraft carrier
  on a nuclear submarine

He did his military service.
They served the country.

armed forces
bombing
to defend the border
to enlist in the army
military service, tour of duty
troops

En el Congreso

Hay discursos.
  acuerdos
  proyectos de ley, propuestas de ley [la ley *law*]
  coaliciones [la coalición]
  comités [el comité]
  tratos
  debates [el debate]
  desacuerdos
  mociones [la moción], propuestas
  votos (a favor de y en contra de)

enmendar la constitución
tomar una decisión
considerar
obstruir, usar tácticas dilatorias/obstruccionistas
la obstrucción a la justicia
adoptar un proyecto de ley
el perjurio
presentar/proponer una moción
posponer/atrasar una moción

La defensa nacional

Sirvió en el Ejército.
  en la Marina
  en la Fuerza Aérea
  en el Cuerpo de Marines
  en la Guardia Costera
  en la Guardia Nacional
  en un portaaviones
  en un submarino nuclear

Él cumplió su servicio militar.
Sirvieron a la patria.

las fuerzas armadas
el bombardeo
defender la frontera (defender e > ie)
enlistarse/alistarse en el ejército
el servicio militar
las tropas

He was *a private*.   Él era soldado raso.

   an admiral   almirante
   a bomber pilot   piloto de bombardeo
   a captain   capitán
   a colonel   coronel
   a general   general
   a lieutenant   teniente
   a major   comandante
   an officer   oficial
   a sailor   marinero

Political parties / Los partidos políticos

Are you going to vote for *the socialist party*?   ¿Vas a votar por el partido socialista?

   the center-left party   el partido de centro-izquierda
   the center-right party   el partido de centro-derecha
   the communist party   el partido comunista
   the conservative party   el partido conservador
   the Democratic Party (U.S.)   el Partido Demócrata
   the Green Party   el partido Verde, el partido Ecologista
   the left-wing party   el partido de izquierda
   the liberal party   el partido liberal
   the nationalist party   el partido nacionalista
   the Republican Party (U.S.)   el Partido Republicano
   the right-wing party   el partido de derecha

Some Spanish words most commonly used in the plural are **las elecciones** *election* and **las vacaciones** *vacation*.

Elections / Las elecciones

The candidate is running for office.   El candidato se presenta / se postula para el cargo.
He's running for president.   Se declara candidato a la presidencia.
The candidates study the results of the   Los candidatos estudian los resultados del sondeo.
   poll.
The voters go to the polls.   Los votantes / Los electores van a las urnas.
Each voter submits a ballot or pulls the   Cada votante deposita una boleta/papeleta o tira de
   lever.   la palanca.

The votes are counted.	Se cuentan los votos. / Los votos son sometidos a un escrutinio. [el escrutinio *count*]
We vote by secret ballot.	Se vota por votación secreta.
He's running in the local elections.	Se presenta en las elecciones municipales.
This issue will be decided at the polls.	Este asunto hay que decidirlo en las urnas.
Register to vote.	Regístrese para votar. / Inscríbase para votar.
There will be a referendum on the ballot.	Habrá un referéndum en la boleta.
These politicians are running the campaign.	Estos políticos conducen la campaña electoral.

absentee voter	el/la votante por correo
ballot box	la urna
to be of voting age	estar en edad de votar
caucus	el caucus, la asamblea partidista
census	el censo
citizens over eighteen	los ciudadanos mayores de dieciocho años
electoral register/roll	el padrón
electronic voting	la votación electrónica
an eligible voter	una persona con derecho al voto
paper ballot	la boleta de papel
the primary	las (elecciones) primarias
to put on the ballot	someter algo a votación
registered voter	el votante empadronado / la votante empadronada
the right to vote	el derecho al voto
slate	la lista de candidatos
universal suffrage	el sufragio universal

Political and legal problems

Los problemas políticos y legales

This year there was <u>a major economic crisis</u>.	Este año hubo <u>una gran crisis económica</u>.
a breach of the constitution	una violación de la constitución
a coup (d'état)	un golpe de estado
government overreach	una extralimitación del gobierno
rampant corruption	una desenfrenada corrupción
a repeal of tax loopholes	una revocación/derogación de tecnicismos impositivos
a scandal	un escándalo
a slew of regulations	un montón de reglamentos
slow economic growth	un lento crecimiento económico
a spate of resignations	una avalancha de renuncias/dimisiones [la dimisión]

This year there were <u>new laws</u>.	Este año hubo <u>nuevas leyes</u>.
demonstrations	manifestaciones [la manifestación]
diplomatic disasters	desastres diplomáticos [el desastre]
new taxes	nuevos impuestos
street riots	revueltas callejeras

The usual Spanish equivalent of English *but* is **pero**. **Sino** *but rather, but instead* is used after a negative when a contradiction is introduced. **Sino que** is used before a clause. **Sino (que)** is used in the phrase **no sólo... sino (que) también** *not only . . . but also.*

Public opinion / La opinión pública

Would you vote for the legalization of drugs?	¿Ud. votaría por la legalización de las drogas?
Would you vote against the legalization of drugs?	¿Ud. votaría en contra de la legalización de las drogas?
Many people are in favor of the affordable health care law.	Mucha gente está a favor de la ley de cuidado de salud asequible.
Many people are opposed to the affordable health care law.	Mucha gente está en contra de la ley de cuidado de salud asequible.
A majority of American citizens support the repeal of the law.	Una mayoría de los ciudadanos estadounidenses apoyan la revocación/derogación de la ley.
A minority of American citizens support the repeal of the law.	Una minoría de los ciudadanos estadounidenses apoyan la revocación/derogación de la ley.
Polls not only reflect public opinion, but can also influence it.	Las encuestas no sólo reflejan la opinión pública sino también pueden influir en ella.
attitude	la actitud
to conduct a poll	llevar a cabo una encuesta / un sondeo
to exert influence	ejercer influencia
to influence	influir (yo influyo)
to oppose	oponer
political campaign	la campaña política
to support	apoyar, respaldar

A complex society / Una sociedad compleja

Our society has an ethnically diverse population.	Nuestra sociedad tiene una población étnicamente diversa.

Immigration has had a profound influence on our society.	La inmigración ha tenido una profunda influencia en nuestra sociedad.
Immigration is a very contentious political issue.	La inmigración es una cuestión política muy disputada.
The differences between the social classes are more and more striking.	Las diferencias entre las clases sociales son cada vez más evidentes.
There are many minority groups.	Hay muchos grupos minoritarios.

Society's problems

Los problemas de la sociedad

Citizens are worried about the economy.	A los ciudadanos les preocupa la economía.
air pollution	la contaminación del aire
the availability of firearms	la disponibilidad de las armas de fuego
climate change	el cambio climático
the corrupt political class	la corrupta clase política
crime	el crimen
the deficit	el déficit
drug trafficking	el narcotráfico
drug use	el consumo de drogas
environmental pollution	la contaminación ambiental
government intrusion into private life	la intromisión del gobierno en la vida privada
human trafficking	la trata de seres humanos
the loss of their constitutional rights	la pérdida de sus derechos constitucionales
the national debt	la deuda nacional
their security at home and abroad	su seguridad en casa y en el extranjero
Social Security	el Seguro Social
terrorism	el terrorismo
unemployment	el desempleo
unfair law enforcement	la injusta aplicación de la ley
war	la guerra
water pollution	la polución del agua

Crime

El crimen

There are many kidnappings.	Hay muchos secuestros.
armed robberies	robos a mano armada
crimes	crímenes, delitos
muggings	atracos, asaltos
murders	asesinatos, homicidios
rapes	abusos sexuales
robberies, thefts	robos, atracos
terrorist attacks	atentados terroristas

That criminal committed many rapes.	Ese delincuente cometió muchas violaciones. [la violación]
The police arrested all the thugs in the gang.	La policía detuvo a todos los matones de la pandilla. [detuvo < detener] [el matón]
blackmail	el chantaje
to blackmail	chantajear
bribe	el soborno
to bribe	sobornar
crime rate	el índice de criminalidad
death sentence	la pena de muerte
jail, prison	la cárcel, la prisión
to jail, to imprison	encarcelar, refundir en la cárcel [MEX.]
to murder	asesinar
murderer	el asesino
to steal	robar
thief	el ladrón

Spanish nouns that end in **-dad, -tad, -tud, -ión,** and **-cia** are feminine.

Social values

Los valores sociales

Members of society share certain core values and beliefs.	Los miembros de la sociedad comparten ciertos valores fundamentales y creencias.
accountability	la responsabilidad
charity	la caridad
civic responsibility (public spirit)	el civismo
community	la comunidad
compassion	la compasión
courage	el valor, la valentía
diversity of opinion	la diversidad de opiniones
empathy	la empatía
enterprising spirit	el espíritu emprendedor
equal opportunity	la igualdad de oportunidades
equality	la igualdad
ethical conduct	la conducta ética
freedom	la libertad
generosity	la generosidad
gratitude	la gratitud, el agradecimiento
honesty	la honradez

humility	la humildad
justice	la justicia
kindness	la bondad
love of country	el amor por/a la patria
loyalty	la lealtad
moderation	la moderación, la templanza
open-mindedness	la mentalidad abierta
perseverance	la perseverancia, la constancia
purpose in life	la meta / el objetivo en la vida
reason, rational thought	la razón, la racionalidad
rule of law	el estado de derecho
self-knowledge	el conocimiento de sí mismo
self-reliance	la autosuficiencia
self-respect	el respeto por sí mismo
sense of duty	el sentido del deber
social responsibility	la responsabilidad social
solidarity	la solidaridad
stability	la estabilidad
tolerance	la tolerancia
truth	la verdad
wisdom	la sabiduría

My town, city, and state — Mi pueblo, mi ciudad y mi estado

capital	la capital
capitol	el capitolio
city administration	la administración de la ciudad
city hall	el ayuntamiento
county	el condado
downtown	el centro
fire department	el cuerpo de bomberos
firefighter	el bombero / la bombera
garbage collection	la recolección de basura
gentrification	la gentrificación
governor	el gobernador / la gobernadora
hustle and bustle	el bullicio
infrastructure	la infraestructura
mayor	el alcalde / la alcaldesa, el presidente municipal / la presidente/presidenta municipal [MEX.]
metropolitan area	la aglomeración, el área metropolitana
municipality	el municipio

neighborhood	el barrio, el vecindario, la vecindad, la colonia [MEX.]
police department	la policía
policeman	el policía
policewoman	la mujer policía, la policía
red tape	los trámites burocráticos, el papeleo
sewer system	la red de alcantarillado
state government	el gobierno estatal
town/city council	el concejo municipal
town/city councilmen	los concejales
town/city councilwomen	las concejales/concejalas
traffic	el tránsito, el tráfico
traffic jam	el atasco, el embotellamiento
urban planning	la planificación urbana

Para hablar un español auténtico

Education improves one's chances of social mobility.	La educación mejora las oportunidades de movilidad social.
The term of the American president is four years.	El mandato del presidente estadounidense es de cuatro años.
He is elected indirectly by the electoral college.	Él es elegido indirectamente por el colegio electoral.
The Mexican president is elected for a six-year term.	El presidente de México es elegido para un mandato de seis años / un sexenio.
The Spanish prime minister doesn't have a term limit.	El primer ministro de España no tiene límite de mandato.
He can't be reelected.	No puede ser reelegido.
He resigned from the position as advisor.	Renunció al cargo de consejero.
He occupied the office of president for eight years.	Ocupó el cargo de presidente por ocho años.
He was proclaimed president for life.	Fue nombrado presidente vitalicio.

Refranes, expresiones y citas

«Sostenemos como evidentes estas verdades: que todos los hombres son creados iguales; que son dotados por su Creador de ciertos derechos inalienables; que entre éstos están la vida, la libertad y la búsqueda de la felicidad; que para garantizar estos derechos se instituyen entre los hombres los gobiernos, que derivan sus poderes legítimos del consentimiento de los gobernados.»

LA DECLARACIÓN DE INDEPENDENCIA

«El socialismo es una nueva forma de esclavitud.»

ALEXIS DE TOCQUEVILLE

«Cuando los gobiernos temen a la gente, hay libertad. Cuando la gente teme al gobierno, hay tiranía.»

Thomas Jefferson

«La política es casi tan emocionante como la guerra y no menos peligrosa. En la guerra nos pueden matar una vez; en política, muchas veces.»

Winston Churchill

«Lo que más me asombra de los Estados Unidos no es tanto la maravillosa grandeza de algunas empresas como la multitud de empresas pequeñas.»

Alexis de Tocqueville

«La razón por la que los hombres entran en la sociedad es para preservar su propiedad.»

John Locke

«Las amenazas a la democracia en América Latina: terrorismo, debilidad del estado de derecho y neopopulismo.»

Mario Vargas Llosa

«Todas las dictaduras, de derechas y de izquierdas, practican la censura y usan el chantaje, la intimidación o el soborno para controlar el flujo de información. Se puede medir la salud democrática de un país evaluando la diversidad de opiniones, la libertad de expresión y el espíritu crítico de sus diversos medios de comunicación.»

Mario Vargas Llosa

Ejercicio 86

Complete each phrase so that it expresses the meaning of the English phrase.

1. *the branches of government* _____ del gobierno

2. *the first ten amendments* las primeras diez _____

3. *a bill* un proyecto _____

4. *the mayor of this city* _____ de esta ciudad

5. *the department of the treasury* el departamento del _____

6. *the poll results* los resultados _____

7. *He served in the Navy.* Sirvió _____.

8. *a four-year term* _____ de cuatro años

9. *an eligible voter* una persona _____

10. *She resigned from the position.* Renunció _____.

11. *the local election* _____ municipales

12. *the center-right party* _____ de centro-derecha

13. *red tape* _____ burocráticos

14. *certain unalienable rights* _____ inalienables

15. *the rule of law* el estado _____

16. *a controversial issue* una cuestión _____

17. *freedom of the press* la libertad _____

18. *He is president for life.* Él es presidente _____.

19. *the pursuit of happiness* _____ de la felicidad

20. *all American citizens* _____ estadounidenses

Ejercicio 87

Select the phrase from the following list that correctly completes each phrase or expression.

| una decisión | para votar | al matón | el servicio militar | al cargo |
| una encuesta | un crimen | la constitución | en la marina | una moción |

1. enmendar _____

2. cumplir _____

3. tomar _____

4. posponer _____

5. llevar a cabo _____

6. registrarse _____

7. servir _____

8. cometer _____

9. renunciar _____

10. detener _____

Ejercicio 88

Select the verb that correctly completes each sentence.

1. Los ciudadanos _____ los valores fundamentales. (someten / comparten)

2. ¿Ya _____ los votos? (contaron / encarcelaron)

3. El delincuente _____ al juez. (garantizó / sobornó)

4. Ella _____ al cargo de gobernadora. (ocupó / renunció)

5. Es necesario que la Guardia Nacional _____ la frontera. (defienda / detenga)

6. Ellos _____ la campaña electoral. (condujeron / chantajearon)

7. ¿Uds. _____ la moción? (influyeron / pospusieron)

8. El alcalde _____ con los concejales. (se reúne / se declara)

9. Los ladrones _____ robos a mano armada. (cometían / obstruían)

10. Yo _____ la revocación de la ley. (enmiendo / apoyo)

Ejercicio 89

Select the noun phrase from the following list that correctly completes each phrase or expression.

el departamento	la libertad	el poder	el cuerpo
el espíritu	la trata	la contaminación	la corte
la propuesta	el golpe	el consentimiento	la monarquía

1. _____ ejecutivo

2. _____ emprendedor

3. _____ de los gobernados

4. _____ ambiental

5. _____ de defensa

6. _____ de seres humanos

7. _____ absoluta

8. _____ de reunión pacífica

9. _____ de bomberos

10. _____ de estado

11. _____ de ley

12. _____ suprema

Ejercicio 90

Choose the item that doesn't belong in each category.

1. a. país   b. estado   c. ley   d. nación

2. a. marina   b. ejército   c. fuerza aérea   d. secretaría

3. a. campaña   b. ciudad   c. condado   d. pueblo

4. a. soberanía   b. caridad   c. empatía   d. lealtad

5. a. coronel   b. bombero   c. almirante   d. soldado

6. a. reina   b. emperador   c. embajador   d. monarca

7. a. delito   b. bullicio   c. atraco   d. robo

8. a. república   b. monarquía   c. oligarquía   d. legislatura

9. a. mandato   b. voto   c. boleta   d. papeleta

10. a. gobernador   b. alcalde   c. comandante   d. concejal

Ejercicio 91

Respond in Spanish with the list or description specified for each of the following situations.

1. **El gobierno.** Describe the type of government in your country. What are the different branches of government? What does each one do? What parties are there? What are elections like?

_____

_____

_____

_____

_____

2. **La sociedad.** What are the problems in society that you are most concerned about? What do you think should be done to solve them? What departments of government are responsible? Should the private sector be called upon for solutions to certain problems? Which ones?

_____

_____

_____

_____

_____

3. **La ciudadanía.** What rights and freedoms do you enjoy as a citizen of your country? What are your civic responsibilities? What are the core values and beliefs of your society? Why is it important for the members of society to share these values?

_____

_____

_____

_____

_____

Ejercicio 92

Translate the following sentences into Spanish.

1. *In the Congress, there is the Senate and the House of Representatives.*

   _____

   _____

2. *The president is elected for a four-year term and can be reelected for a second term.*

   _____

   _____

3. *Winston Churchill occupied the office of prime minister for eight years.*

   _____

   _____

4. *The Constitution guarantees freedom of speech, freedom of religion, and freedom of the press.*

   _____

   _____

5. *He was a general in the army and served his country for many years.*

   _____

   _____

6. *The representatives tabled the motion and passed the bill.*

   _____

   _____

7. *They threw the Latin American dictator out of power in a coup d'état.*

   _____

   _____

8. *The citizens are against government intrusion into private life.*

   _____

   _____

9. *They not only oppose new taxes but also the repeal of the law.*

   _____

   _____

10. *There are scandals and rampant corruption in city government.*

   _____

   _____

11. *The elections will be on Tuesday. Register (Uds.) to vote!*

_____

_____

12. *The political parties conducted polls that influenced the results of the election.*

_____

_____

14

La vida intelectual y la vida espiritual

Intellectual life and spiritual life

This chapter presents vocabulary for talking about your intellectual pursuits, philosophy, religion, and the relationship between thought and language. You will be able to discuss your favorite books, as well as important existential questions.

Reading	La lectura
I like to read <u>fiction</u>.	Me gusta leer <u>la ficción</u>.
adventure novels	las novelas de aventura
children's literature	la literatura juvenil/infantil
comics, comic strips	las tiras cómicas, las historietas
detective novels	las novelas policíacas
e-zines	las e-revistas, las revistas en línea
fairy tales	los cuentos de hadas [el hada *fairy*]
the great works of world literature	las grandes obras de la literatura mundial
historical novels	las novelas históricas
horror novels	las novelas de terror
humorous books	los libros de humor
masterpieces	las obras maestras
mystery novels	las novelas de misterio
mythology	la mitología
plays	las obras de teatro
poetry	la poesía
satire	la sátira
science fiction	la ciencia ficción
short stories	los cuentos cortos
I prefer to read <u>nonfiction</u>.	Prefiero leer <u>la literatura no-ficción</u>.
articles about current events	los artículos sobre los sucesos del momento
autobiographies	las autobiografías
biographies	las biografías
cookbooks	los libros de cocina
editorials	los editoriales

>>>

essays	los ensayos
history books	los libros de historia
literary criticism	la crítica literaria
magazines	las revistas
newspapers	los periódicos
the op-ed page	la página de opinión
professional journals	las revistas profesionales
reference books	los libros de consulta, las obras de consulta
textbooks	los libros de texto
travel books	los libros de viajes

In Spanish, the present subjunctive is used in dependent noun clauses that mark events or states that the speaker considers not part of reality or of his or her experience. The present subjunctive is used after **te aconsejo que...** *I advise you (to do something)*: **te aconsejo que mires el atlas** *I advise you to look at the atlas.*

I advise you to look at <u>the atlas</u>.	Te aconsejo que mires <u>el atlas</u>.
the almanac	el almanaque
the anthology	la antología
the catalogue	el catálogo
the dictionary	el diccionario
the dissertation	la disertación
the encyclopedia	la enciclopedia
the guidebook	la guía
the manual	el manual
the report	el informe
the thesaurus	el tesauro
the thesis	la tesis
the treatise	el tratado

Literary genres and forms — Los géneros y las formas literarios

comedy	la comedia
drama	el drama
myth	el mito
novel	la novela
novella	la novela corta
poem	el poema
romance	la novela rosa, la novela romántica

satire	la sátira
short story	el cuento
tragedy	la tragedia
tragicomedy	la tragicomedia

Elements of a literary work — Los elementos de una obra literaria

I love the dialogue.	Me encanta el diálogo.
the antagonist	el/la antagonista
the description	la descripción
the ending, the outcome	el desenlace
the ironic tone, the irony	el tono irónico, la ironía
the narrative frame	el marco narrativo
the narrator	el narrador / la narradora
the plot	el argumento, la trama
the point of view	el punto de vista
the protagonist, the main character	el/la protagonista
the story	la historia, la narración, el relato
the structure	la estructura
the style	el estilo
the theme	el tema

I love the characters.	Me encantan los personajes.
the figures of speech	las figuras retóricas
the imagery	las imágenes [la imagen image]
the literary/rhetorical devices	los recursos literarios/retóricos
the metaphors	las metáforas
the similes	los símiles
the tropes	los tropos

Men and women of letters — Los literatos

What do you think of the writer?	¿Qué te parece el escritor?
the author	el autor / la autora
the biographer	el biógrafo / la biógrafa
the essayist	el/la ensayista
the journalist	el/la periodista
the man of letters	el literato
the woman of letters	la literata
the novelist	el/la novelista
the playwright	el dramaturgo / la dramaturga

>>>

the poet	el poeta / la poeta/poetisa
the short story writer	el/la cuentista

Intellectual pursuits / Las actividades intelectuales

We like to read.	Nos gusta leer.
to attend lectures	asistir a las conferencias
to give/deliver a speech at a conference	pronunciar/dar un discurso en un congreso
to participate in a reading group/club	participar en un grupo/club/círculo de lectura
to listen to music	escuchar música
to take part in a playwriting workshop	formar parte de un taller de dramaturgia
to do research on an unfamiliar topic	hacer investigaciones sobre un tema desconocido
to study languages abroad	estudiar idiomas en el extranjero
to take classes at the university	tomar clases / cursar en la universidad
to take classes online	tomar clases en línea / a distancia, cursar en línea / a distancia
to teach a class in continuing/adult education	enseñar una clase en la educación continua / la educación por extensión
to visit museums	visitar los museos
to write poetry	escribir poesía

In Spanish, a supporting /e/ (prothetic /e/) has been added to the beginning of words that in Latin began with **s** + consonant, for example, Latin **stare** > **estar** *to be* and Latin **sperare** > **esperar** *to wait*. Examples in this chapter are **el escepticismo** and **el estoicismo**.

Philosophy / La filosofía

abstraction	la abstracción
aesthetics	la estética
Aristotelianism	el aristotelismo
causality	la causalidad
concept	el concepto
cynicism	el cinismo
determinism	el determinismo
dialectic	la dialéctica
empiricism	el empirismo
epistemology	la epistemología
ethics	la ética
existentialism	el existencialismo

hedonism	el hedonismo
idealism	el idealismo
irrationalism	el irracionalismo
knowledge	el conocimiento
logic	la lógica
metaphysics	la metafísica
morality	la moralidad, la moral
nihilism	el nihilismo
Platonism	el platonismo
positivism	el positivismo
pragmatism	el pragmatismo
skepticism	el escepticismo
solipsism	el solipsismo
spiritualism	el espiritualismo
stoicism	el estoicismo
transcendentalism	el trascendentalismo
utilitarianism	el utilitarismo
cynical	cínico
ethical	ético
idealistic	idealista
logical	lógico
metaphysical	metafísico
philosophical	filosófico
pragmatic	pragmático
skeptical	escéptico
stoical, stoic	estoico
utilitarian	utilitario

Existential questions

Las cuestiones existenciales

What do we think about? We think about <u>life</u>.

¿En qué pensamos? Pensamos en <u>la vida</u>.

beauty	la belleza
concepts	los conceptos
death	la muerte
evil	el mal
fate	el destino
free will	el libre albedrío
good	el bien
human existence	la existencia humana

>>>

When the Spanish verb **pensar** *to think* is used with an infinitive, it means *to intend to*: **pienso estudiar filosofía** *I intend to study philosophy*. **Pensar** used with the preposition **en** means *to think about something*: **piensan en sus hijos** *they're thinking about their children*. **Pensar** used with the preposition **de** means *to think about something, to have an opinion about something*: **¿Qué piensas de estas novelas?** *What do you think of these novels?*

>>>

ideas	las ideas
immortality	la inmortalidad
the knowable	lo cognoscible, lo conocible
knowledge	el conocimiento
the mind	la mente
mortality	la mortalidad
the mystery of life	el misterio de la vida
reality	la realidad
reason	la razón, el razonamiento
truth	la verdad

to be, to exist	ser, estar, existir
to intuit	intuir
to perceive	percibir
to reason	razonar, raciocinar
to reflect (on), to think (about), to ponder	reflexionar (sobre), pensar (en)

For what purpose are we here?	¿Para qué estamos aquí?
What is reality?	¿Qué es la realidad?
What's the purpose of life?	¿Cuál es la razón de nuestra existencia?
We human beings try to understand the meaning of life.	Los seres humanos, tratamos de comprender el significado de la vida / el sentido de la vida.
We seek rational understanding of the objective world.	Se busca la comprensión racional del mundo objetivo.

Expressing our thoughts / **Expresar nuestros pensamientos**

clause	la cláusula
communication	la comunicación
expression	la expresión
grammar	la gramática
letter	la letra

lexicon	el léxico
meaning	el significado, el sentido
phrase	la frase
semantics	la semántica
semiotics	la semiótica
sentence	la oración
vocabulary	el vocabulario
word	la palabra

In Spanish, impersonal expressions (expressions with no specific subject) require the subjunctive in dependent noun clauses if they suggest that the event or state mentioned in the dependent clause is not part of perceived reality or of the speaker's experience: **es posible** que no **entienda** el concepto *it's possible he doesn't understand the concept*, **es necesario** que **pensemos** claramente *it's necessary that we think clearly.*

It's important that the language be clear.	Es importante que el lenguaje sea claro.
comprehensible	comprensible
correct	correcto
direct	directo
eloquent	elocuente
evocative	evocativo
expressive	expresivo
intelligible	inteligible
precise	preciso
It's bad that the language is unclear.	Es malo que el lenguaje sea confuso.
ambiguous	ambiguo
cryptic	críptico, oscuro
incomprehensible	incomprensible
unintelligible	ininteligible
We communicate by means of sounds, symbols, signs, and gestures.	Nos comunicamos por medio de sonidos, símbolos, señas y gestos.
The meaning of the message is conveyed through context.	El significado del mensaje se expresa / se transmite mediante el contexto.
We try to grasp the subtleties of the language.	Tratamos de captar los matices del lenguaje. [el matiz]
The English writing system uses the letters of the Latin alphabet.	El sistema de escritura del inglés usa las letras del alfabeto latino.

alphabet	el alfabeto, el abecedario
illiteracy	el analfabetismo
literacy rate	la tasa de alfabetización

In Spanish, the names of religions begin with lowercase letters, unlike English.

Religions and doctrines — **Las religiones y las doctrinas**

agnosticism	el agnosticismo
Anglicanism	el anglicanismo
anti-Semitism	el antisemitismo
asceticism	el ascetismo
atheism	el ateísmo
Bahaism	el bahaísmo
Baptism	el baptismo
Buddhism	el budismo
Catholicism	el catolicismo
Christianity, Christendom	el cristianismo, la cristiandad
Confucianism	el confucianismo
creationism	el creacionismo
deism	el deísmo
ecumenicism	el ecumenismo
Episcopalianism	el episcopalianismo
fundamentalism	el fundamentalismo
Hinduism	el hinduismo
humanism	el humanismo
Islam	el islam
Judaism	el judaísmo
Lutheranism	el luteranismo
Methodism	el metodismo
monasticism	el monasticismo
monotheism	el monoteísmo
Mormonism	el mormonismo
mysticism	el misticismo
orthodoxy	la ortodoxia
paganism	el paganismo
pantheism	el panteísmo
polytheism	el politeísmo
Protestantism	el protestantismo
Quakerism	el cuaquerismo

Shinto	el shinto, el sintoísmo
Taoism	el taoísmo
theism	el teísmo
Unitarianism	el unitarismo

People and religion

La gente y la religión

archbishop	el arzobispo
atheist	el ateo
Baptist	el/la baptista
bishop	el obispo
Buddhist	el/la budista
Catholic (Roman Catholic)	católico / católica (católico romano / católica romana)
clergy	el clero
congregation	la congregación, los feligreses [el feligrés]
denomination	la denominación
heretic	el hereje
Hindu	el/la hindú
imam	el imán
Jesus Christ	Jesucristo
Jewish	judío / judía
minister	el pastor / la pastora
missionary	el misionero / la misionera
Mohammed	Mahoma
monk	el monje
Moses	Moisés
muezzin	el muezzin
mullah	el mullah, el mulá
Muslim	el musulmán / la musulmana
nun	la monja
pastor	el pastor
Pope	el Papa
preacher	el predicador
priest	el sacerdote, el cura, el padre
Protestant	el/la protestante
rabbi	el rabino / la rabina

Be careful not to confuse the words **el Papa** *Pope*, **la papa** *potato* [LAT. AM.], and **el papá** *dad*.

In Spanish, the word **santo** *saint* becomes **san** before the names of the male saints: San José, San Juan, San Antonio, San Cristóbal. Exceptions are Santo Tomás and Santo Domingo.

saint	el santo / la santa
sect	la secta

Religion: *faith and practice* — La religión: fe y práctica

angel	el ángel
baptism	el bautismo
belief	la creencia
believer	el/la creyente, el/la fiel
the beyond	el más allá
the Bible	la Biblia
cathedral	la catedral
chapel	la capilla
charity	la caridad
church	la iglesia
communion	la comunión
confession	la confesión
conscience	la conciencia
to convert (to)	convertirse (e > ie) (a)
crescent moon and star (symbol of Islam)	la luna creciente y la estrella
cross	la cruz
destiny	el destino
divine	divino
dogma	el dogma
faith	la fe
forgiveness	el perdón
God	Dios
the Gospel	el Evangelio
hagiography	la hagiografía
heaven	el cielo, el paraíso
the Hebrew Bible	la Biblia Hebrea
hell	el infierno
heresy	la herejía
holy, sacred	sagrado
the Holy Land	la Tierra Santa

the Holy Spirit	el Espíritu Santo
the Koran	el Corán
mass	la misa
miracle	el milagro
mosque	la mezquita
the New Testament	el Nuevo Testamento
the Old Testament	el Antiguo Testamento
piety	la piedad
practicing	practicante
prayer	la oración
prayer book	el libro de oraciones, el devocionario
psalm	el salmo
redemption	la redención
repentance	el arrepentimiento
rosary	el rosario
sacrilege	el sacrilegio
sermon	el sermón
service	el oficio
sin	el pecado
soul	el alma [fem.]
stained glass window	la vidriera
star of David	la estrella de David
synagogue	la sinagoga
the Talmud	el Talmud
temple	el templo
the Ten Commandments	los Diez Mandamientos
theology	la teología
Torah	la Tora, la Torá
the Tree of Knowledge	el Árbol del conocimiento
the Trinity	la Trinidad
to baptize, to christen	bautizar
to believe	creer
to commit a sin	cometer un pecado
to confess	confesar (e > ie)
to forgive	perdonar
to practice (a religion)	practicar (una religión)
to pray	rezar, orar
to repent	arrepentirse (e > ie)
to sin	pecar

| to take communion | comulgar |
| to worship (God) | adorar/venerar/alabar (a Dios) |

I wonder, why do bad things happen to good people?	Me pregunto, ¿por qué les pasan cosas malas a las personas buenas?
Judaism, Christianity, and Islam are monotheistic religions.	El judaísmo, el cristianismo y el islam son religiones monoteístas.
They are known as Abrahamic religions because they trace their origin to the patriarch Abraham.	Se conocen como religiones abrahámicas porque se remonta su origen al patriarca Abraham/Abrahán.

Para hablar un español auténtico

Philosophy and religion deal with existential questions—existence, God, good and evil.	La filosofía y la religión tratan las cuestiones existenciales—la existencia, Dios, el bien y el mal.
Aristotle developed the theory of God as the Unmoved Mover (the Prime Mover).	Aristóteles desarrolló la teoría de Dios como el Motor inmóvil (el Primer motor).
Saint Thomas of Aquinas, Catholic theologian and philosopher, showed the compatibility of the philosophy of Aristotle with the Catholic faith.	Santo Tomás de Aquino, teólogo y filósofo católico, concilió la filosofía de Aristóteles con la fe católica.
Moses Maimonides, Sephardic Jewish philosopher, physician, and Torah scholar, was born in Córdoba (Spain) in 1135.	Moisés Maimónides, filósofo, médico y sabio de la Torá judío sefardita nació en Córdoba (España) en mil ciento treinta y cinco.
The Hebrew Bible was written in Hebrew and Aramaic.	La Biblia Hebrea fue escrita en hebreo y arameo.
Dante's The Divine Comedy has three parts: Hell, Purgatory, and Heaven.	La Divina Comedia de Dante tiene tres partes: el Infierno, el Purgatorio y el Paraíso.
Some creationists believe in intelligent design.	Unos creacionistas creen en el diseño inteligente.

Refranes, expresiones y citas

I think, therefore I am. (Cogito ergo sum.)	Pienso, por eso soy. (DESCARTES)
To err is human, to forgive divine.	Errar es humano, perdonar es divino. (ALEXANDER POPE)
May God bless you.	Que Dios te bendiga.

"La inteligencia consiste no sólo en el conocimiento, sino también en la destreza de aplicar los conocimientos en la práctica."

ARISTOTLE

"La verdadera sabiduría está en reconocer la propia ignorancia."

SOCRATES

"El ignorante afirma, el sabio duda y reflexiona."

ARISTOTLE

"¿Qué es la vida? Un frenesí. / ¿Qué es la vida? Una ilusión, / una sombra, una ficción, y el mayor bien es pequeño: / que toda la vida es sueño, / y los sueños, sueños son."

La vida es sueño, CALDERÓN DE LA BARCA

"Ser o no ser. Esa es la cuestión."

SHAKESPEARE

"Todo lo racional es real y todo lo real es racional."

HEGEL

"Son filósofos verdaderos aquellos a quienes les gusta contemplar la verdad."

PLATO

"Habla para que yo te conozca."

SOCRATES

"Pero si el pensamiento corrompe el lenguaje, el lenguaje también puede corromper el pensamiento."

GEORGE ORWELL

"La lengua no es la envoltura del pensamiento sino el pensamiento mismo."

MIGUEL DE UNAMUNO

"Que sólo Dios es la primera causa de todo."

BARUCH SPINOZA

"Hay que dejar a todo el mundo la libertad de opinión y la potestad de interpretar los fundamentos de la fe según su juicio, y que sólo por las obras se debe juzgar si la fe de cada uno es sincera o impía."

BARUCH SPINOZA

"Yo no estimo tesoros ni riquezas, y así, siempre me causa más contento poner riquezas en mi entendimiento que no mi entendimiento en las riquezas."

SOR JUANA INÉS DE LA CRUZ

"Para mí, la oración es un impulso del corazón, una sencilla mirada al cielo, un grito de agradecimiento y de amor en las penas como en las alegrías."

SANTA TERESA DE JESÚS (SANTA TERESA DE ÁVILA)

"La vida no es un problema para ser resuelto, es un misterio para ser vivido."
THOMAS JEFFERSON

"Los pecados escriben la historia, el bien es silencioso."
JOHANN WOLFGANG VON GOETHE

"No se puede aprender filosofía, tan sólo se puede aprender a filosofar."
IMMANUEL KANT

Ejercicio 93

Complete each phrase so that it expresses the meaning of the English phrase.

1. *a fairy tale* _____ de hadas

2. *the reference book* el libro _____

3. *the romance* _____ rosa

4. *a playwriting workshop* _____ de dramaturgia

5. *the meaning of life* _____ de la vida

6. *the subtleties of the language* _____ del lenguaje

7. *the Latin alphabet* _____ latino

8. *the literary devices* _____ literarios

9. *this prayer book* este libro _____

10. *the Holy Land* _____ Santa

11. *Buddhist monasticism* el monasticismo _____

12. *the monotheistic religions* las religiones _____

13. *free will* el libre _____

14. *To err is human, to forgive, divine.* Errar es humano, _____.

15. *good and evil* el bien _____

16. *the Prime Mover* el Primer _____

17. *May God bless you.* Que _____.

18. *this writing system* este sistema _____

19. *his point of view* su punto _____

20. *the Tree of Knowledge* el Árbol _____

Ejercicio 94

Match each item in the first column with the item that is related to it in the second column.

1. _____ Maimónides   a. filosofía de Aristóteles

2. _____ muezzin   b. el Obispo de Roma

3. _____ hagiografía   c. creencia en un solo Dios

4. _____ la Trinidad   d. sabio de la Torá

5. _____ el Papa   e. vida de los santos

6. _____ islam   f. secta protestante

7. _____ Santo Tomás de Aquino   g. patriarca

8. _____ monoteísmo   h. el Espíritu Santo

9. _____ luteranismo   i. imán

10. _____ Abraham   j. llamada a la oración

Ejercicio 95

Choose the word that doesn't belong in each category.

1. a. novela   b. cuento   c. libro de consulta   d. poema   e. obra de teatro

2. a. iglesia   b. sinagoga   c. mezquita   d. catedral   e. vidriera

3. a. deísmo   b. analfabetismo   c. politeísmo   d. teísmo   e. monoteísmo

4. a. cura   b. obispo   c. literato   d. rabino   e. sacerdote

5. a. monje   b. judío   c. católico   d. hindú   e. protestante

6. a. tema   b. desenlace   c. personaje   d. argumento   e. pecado

7. a. cielo   b. milagro   c. infierno   d. el más allá   e. purgatorio

8. a. metafísica   b. lógica   c. epistemología   d. dramaturgia   e. estética

Ejercicio 96

Select the verb that correctly completes each phrase.

1. El mensaje _____ directamente. (se raciocina / se transmite)

2. El autor _____ los matices del lenguaje. (captó / alabó)

3. Hijos, que Dios les _____ . (bendiga / perciba)

4. Es importante que _____ sobre el asunto. (figures / reflexiones)

5. Los feligreses _____ a Dios. (adoran / comulgan)

6. Él le _____ sus pecados al sacerdote. (confiesa / perdona)

7. ¿Qué religiones _____ en ese país? (se preguntan / se practican)

8. Yo _____ un discurso sobre el aristotelismo. (veneraré / pronunciaré)

9. Las monjas se sienten conmovidas cuando _____. (rezan / captan)

10. Te aconsejo que _____ en este taller. (leas / participes)

Ejercicio 97

Give a noun phrase (definite article + noun) found in this chapter that is related to the verb given.

1. comprender _____

2. perdonar _____

3. significar _____

4. orar _____

5. razonar _____

6. confesar _____

7. bautizar _____

8. creer _____

9. existir _____

10. pecar _____

11. contar _____

12. comulgar _____

13. pensar _____

14. conocer _____

15. expresar _____

Ejercicio 98

Unscramble the letters in each item to create a word related to reading and literature presented in this chapter.

1. aradm _____

2. egmseián _____

3. rtioalet _____

4. mgnreoaut _____

5. iarást _____

6. ógoifrba _____

7. leecadesn _____

8. tloaímgoi _____

9. sroejepna _____

10. cisteatun _____

11. jnaemes _____

12. eancsáimt _____

Ejercicio 99

Respond in Spanish with the list or description specified for each of the following situations.

1. Analyze a book you have read, identifying its genre and talking about the author and the literary elements in the work. Explain the meaning of the title (**título**). Tell why you liked the work.

_____

_____

_____

_____

_____

_____

2. Describe one of the philosophies mentioned in the chapter, and tell why it interests you.

_____

_____

_____

_____

_____

_____

3. Explain one of the quotes from the **Refranes, expresiones y citas** section of this chapter.

_____

_____

_____

_____

_____

_____

4. Create a short paragraph about your religion, how you practice it, and its significance in your life. If you do not practice a religion, explain why you choose not to.

_____

_____

_____

_____

_____

_____

Ejercicio 100

Translate the following sentences into Spanish.

1. *The members of the book club like to read historical novels and short stories.*

   _____

   _____

2. *We participated in a poetry workshop and attended lectures delivered by famous poets.*

   _____

   _____

3. *This author's language is ambiguous and incomprehensible.*

   _____

   _____

4. *He has a pragmatic and cynical point of view.*

   _____

5. *Many human beings think about the mystery of life and try to understand the purpose of life.*

   _____

   _____

6. *I hope they'll get the subtleties of the speech.*

   _____

7. *The great majority of Mexicans are Catholic, but Mexico doesn't have an official religion.*

   _____

   _____

8. *The Cathedral of Seville, a Gothic church, is one of the ten largest churches in the world.*

   _____

   _____

9. *The rabbi and his congregation are praying in the synagogue.*

   _____

   _____

10. *Lutheranism and Methodism are denominations of Protestantism.*

    _____

    _____

15

Cómo entender el mundo:
la naturaleza y las ciencias

How to understand the world: nature and science

In this chapter, you will learn the Spanish terms for the sciences and mathematics, the innovators and the scientists. You will also be introduced to the natural world through the names of animals and plants. The vocabulary you learn will enable you to talk about the greatest discoveries and inventions of humankind.

There are many **palabras afines** *cognates* in this chapter, most of them international words shared by English and French that are formed from Greek and Latin roots, for example, **biología** *biology* and **geografía** *geography*. The gender of words for nearly all the sciences (as well as the word **la ciencia** *science*) is feminine.

Physical sciences

Las ciencias físicas

We should study <u>*astronomy*</u>.	Hay que estudiar <u>astronomía</u>.
chemistry	química
earth sciences	las ciencias de la Tierra
environmental sciences	las ciencias ambientales
geography	geografía
geology	geología
geosciences	las geociencias
meteorology	meteorología
physics	física

Biological sciences

Las ciencias biológicas

I'm majoring in <u>*biology*</u>.	Me especializo en <u>biología</u>.
anatomy	anatomía
biochemistry	bioquímica
botany	botánica
medicine	medicina

>>>

paleontology	paleontología
physiology	fisiología
psychology	psicología
zoology	zoología

Engineering and technical sciences La ingeniería y las ciencias técnicas

He's interested in <u>biotechnology</u>. Le interesa la <u>biotecnología</u>.

aeronautics	la aeronáutica
astronautics	la astronáutica
biological engineering	la ingeniería biológica
chemical engineering	la ingeniería química
chronometry	la cronometría
cognitive science	la ciencia cognitiva
computer science	la informática, la computación
ecology	la ecología
electrical engineering	la ingeniería eléctrica
mechanical engineering	la ingeniería mecánica
microscopy	la microscopía
radiology	la radiología
robotics	la robótica
systems	la sistemática

Scientific research Las investigaciones científicas

analysis	el análisis
classification	la clasificación
conclusion	la conclusión
control	el control
data	los datos
discovery	el descubrimiento
empirical-analytical method	el método empírico-analítico
experiment	el experimento
formula	la fórmula
hypothesis	la hipótesis
laboratory	el laboratorio
observation	la observación
proof	la prueba
quantification	la cuantificación
result	el resultado
scientific method	el método científico

test	la prueba
theory	la teoría
to analyze	analizar
to classify	clasificar
to conclude	concluir
to control	controlar
to discover	descubrir
to experience	experimentar
to experiment, to test	experimentar, hacer un experimento, probar (o > ue)
to formulate	formular
to hypothesize	formular/realizar una hipótesis
to observe	observar
to prove	probar (o > ue)
to quantify	cuantificar
to test, to do a test	hacer una prueba

Spanish nouns that are feminine and begin with stressed **a** or **ha** take the masculine article in the singular. In the plural they take **las** and **unas**. An example is **el área, un área, las áreas, unas áreas**.

Mathematics — Las matemáticas

Mathematics	**Las matemáticas**
accounting	la contabilidad
addition	la adición, la suma
algebra	el álgebra [fem.]
angle	el ángulo
area	el área [fem.]
arithmetic	la aritmética
calculus	el cálculo
digit	el dígito
dimension	la dimensión
division	la división
econometrics	la econometría
equation	la ecuación

The Spanish word **el álgebra** is one of the 4,000 words of Arabic origin that passed into Spanish as a result of eight centuries of Muslim Arab rule in Spain. Other words transmitted from Arabic to Spanish in the field of mathematics are **el cero** and **la cifra**.

Euclidean geometry	la geometría euclidiana
even number	el número par
form	la forma
fraction	la fracción
function	la función
geometry	la geometría
hypotenuse	la hipotenusa
infinity	el infinito
logic	la lógica
minus sign (−)	el signo menos
multiplication	la multiplicación
multiplication table	la tabla de multiplicar
negative number	el número negativo
number	el número, la cifra
odd number	el número impar, el número non
operation	la operación
percentage	el porcentaje
plus sign (+)	el signo más
probability	la probabilidad
problem	el problema
proof	la prueba
ratio	la proporción
shape	la forma
solution	la solución, la resolución
statistics	la estadística
subtraction	la sustracción
symbol	el símbolo
theorem	el teorema
trigonometry	la trigonometría
zero	el cero
to add	sumar
to calculate, to work out	calcular
to count	contar (o > ue)
to divide	dividir
to measure	medir (e > i)
to multiply	multiplicar
to reason	razonar, raciocinar
to solve	resolver (o > ue), solucionar
to subtract	restar

Shapes

circle

helix

rectangle

sphere

spiral

square

triangle

Physics, chemistry, and biology

acid

atom

base

catalyst

cell

chemical equation

compound

condensation

element

energy

gas

germ

law of conservation of energy

law of conservation of matter

law of gravity

liquid

mass

matter

microorganism

molecule

nucleus

organism

periodic table of the elements

solid

symbol

water

H_2O (two atoms of hydrogen + one
    atom of oxygen)

Las formas

el círculo

el hélice

el rectángulo

la esfera

el espiral

el cuadrado

el triángulo

La física, la química y la biología

el ácido

el átomo

la base

el catalizador

la célula

la ecuación química

el compuesto

la condensación

el elemento

la energía

el gas

el germen, el microbio

la ley de la conservación de la energía

la ley de la conservación de la materia

la ley de la gravedad

el líquido

la masa

la materia

el microorganismo

la molécula

el núcleo

el organismo

la tabla periódica de los elementos

el sólido

el símbolo

el agua [fem.]

H_2O (dos átomos de hidrógeno + un átomo
    de oxígeno)

Inventions and discoveries

Unos inventos y descubrimientos

abacus	el ábaco
analgesics	los analgésicos
anesthesia	la anestesia
aspirin	la aspirina
atomic bomb	la bomba atómica
battery	la pila, la batería
calendar	el calendario
cast iron	el hierro fundido
clock	el reloj
compass (*instrument that shows direction*)	la brújula
computer	la computadora, el ordenador [SP.]
dynamite	la dinamita
electric motor	el motor eléctrico
electricity	la electricidad
eyeglasses	las gafas, los anteojos
fiber optics	la fibra óptica
genetics	la genética
germ theory	la teoría microbiana de la enfermedad
germs	los gérmenes [el germen], los microbios, las bacterias
internal combustion engine	el motor de combustión interna
lightbulb	la bombilla
lightning rod	el pararrayos
microscope	el microscopio
natural gas	el gas natural
nuclear fission (*splitting of the atom*)	la fisión nuclear (la desintegración del átomo)
paper	el papel
pasteurization	la pasteurización
penicillin	la penicilina
phonograph	el tocadiscos, el fonógrafo
printing press	la imprenta
pulley	la polea
quantum mechanics	la mecánica cuántica
radiography	la radiografía
radium	el radio
sewing machine	la máquina de coser
steam engine	la máquina de vapor

steamboat	el barco de vapor
stethoscope	el estetoscopio
telegraph	el telégrafo
telephone	el teléfono
telescope	el telescopio
theory of electromagnetism	la teoría del electromagnetismo
theory of relativity	la teoría de la relatividad
thermometer	el termómetro
toilet	el inodoro
vaccines (against smallpox, polio, etc.)	las vacunas (contra la viruela, la polio [< poliomielitis], etcétera)
wheel	la rueda
writing	la escritura
zero	el cero

Innovators and scientists / Los innovadores y los científicos

archaeologist	el arqueólogo / la arqueóloga
biochemist	el bioquímico / la bioquímica
biologist	el biólogo / la bióloga
botanist	el botánico / la botánica
chemical engineer	el ingeniero químico / la ingeniera química
chemist	el químico / la química
computer scientist	el científico informático / la científica informática, el experto / la experta en informática/computación
discoverer	el descubridor / la descubridora
geneticist	el/la genetista
inventor	el inventor / la inventora
mathematician	el matemático / la matemática
microbiologist	el microbiólogo / la microbióloga
naturalist	el/la naturalista
nuclear physicist	el físico nuclear / la física nuclear
paleontologist	el paleontólogo / la paleontóloga
pathologist	el patólogo / la patóloga
philosopher	el filósofo / la filósofa
physicist	el físico / la física
researcher	el investigador / la investigadora
thinker	el pensador / la pensadora

Geography and topography

La geografía y la topografía

altitude	la altitud
archipelago	el archipiélago
area	el área [fem.]
boulder, large rock	la roca
cape	el cabo
climate	el clima
desert	el desierto
Earth's crust	la corteza terrestre
elevation	la elevación
forest	el bosque
grass	la hierba
gulf	el golfo
hill	la colina
island	la isla
jungle	la selva
lake	el lago
land	la tierra
latitude	la latitud
longitude	la longitud
mesa	la mesa, la meseta
mountain	la montaña
mountain range	la sierra
nature	la naturaleza
ocean	el océano
peak	el pico
peninsula	la península
plateau	la mesa, la meseta
rainforest	el bosque tropical, el bosque pluvial
ravine, gorge, gully	el barranco, la quebrada
river	el río
rock	la piedra
sea	el mar
stream, creek	el arroyo, el riachuelo
terrain	el terreno
valley	el valle
volcano	el volcán
waterfall	la catarata

Geology and mineralogy

aluminum	el aluminio
amber	el ámbar
aquamarine	la aguamarina
coal	el carbón
copper	el cobre
diamond	el diamante
gold	el oro
granite	el granito
graphite	el grafito
igneous rock	la roca ígnea
iron	el hierro
jade	el jade
lava	la lava
lead	el plomo
magma	el magma
mineral	el mineral
Mohs' scale	la escala de Mohs
obsidian	la obsidiana
onyx	el ónix, el ónice
opal	el ópalo
precious stone	la piedra preciosa
quartz	el cuarzo
rock	la roca
ruby	el rubí
sapphire	el zafiro
sedimentary rock	la roca sedimentaria
silver	la plata
talc	el talco
tin	el estaño
topaz	el topacio
turquoise	la turquesa

The solar system

La geología y la mineralogía

El sistema solar

asteroid	el asteroide
center of gravity	el centro de gravedad
comet	el cometa
Earth	la Tierra
eclipse	el eclipse

The meaning of some Spanish nouns varies depending on whether the masculine or feminine article is used with them. For example, **el cometa** means *comet*, while **la cometa** means *kite*.

galaxy	la galaxia
meteorite	el meteorito
Milky Way	la Vía Láctea
moon	la luna
orbit	la órbita
planet	el planeta
Mercury	Mercurio
Venus	Venus
Earth	la Tierra
Mars	Marte
Jupiter	Júpiter
Saturn	Saturno
Uranus	Urano
Neptune	Neptuno
satellite	el satélite
star	la estrella
sun	el sol
universe	el universo

The Earth revolves around the sun.	La Tierra gira alrededor del Sol.
The Earth rotates on its axis.	La Tierra gira sobre su eje.
Pluto is a dwarf planet.	Plutón es un planeta enano.

The present perfect subjunctive is used to indicate that the action of the dependent clause happens before the action of the main clause. It is used in the same kinds of dependent clauses as the present subjunctive: **dudo que hayan estudiado física** *I doubt they studied physics.*

Social sciences   Las ciencias sociales

We hope they studied <u>economics</u>.	Esperamos que hayan estudiado <u>economía</u>.
anthropology	antropología
history	historia
linguistics	lingüística
political science	ciencias políticas
sociology	sociología

In Spanish, many names of trees are masculine, while their fruit is usually feminine: **el manzano** *apple tree*, **la manzana** *apple*.

Trees, plants, and flowers	**Los árboles, las plantas y las flores**
acorn	la bellota
almond tree	el almendro [la almendra *almond*]
apple tree	el manzano [la manzana *apple*]
azalea	la azalea
bark	la corteza
birch tree	el abedul
bougainvillea	la buganvilla
branch	la rama
bud	el capullo
bulb	el bulbo
bush	el arbusto
carnation	el clavel
cedar tree	el cedro
cherry tree	el cerezo [la cereza *cherry*]
chestnut tree	el castaño [la castaña *chestnut*]
cypress tree	el ciprés
daffodil	el narciso
dahlia	la dalia
daisy	la margarita
dandelion	el diente de león
date palm tree	la palmera datilera [el dátil *date*]
elm tree	el olmo
eucalyptus	el eucalipto
fern	el helecho
fig tree	la higuera [el higo *fig*]
garden	el jardín
geranium	el geranio
gladiolus	el gladiolo
grass	la hierba
hyacinth	el jacinto
hydrangea	la hortensia
iris	el iris, el lirio
jasmine	el jazmín
leaf	la hoja

lemon tree	el limonero [el limón *lemon*]
lilac	la lila
lily	el lirio
lily of the valley	el lirio de los valles
linden tree	el tilo
magnolia	la magnolia
maple tree	el arce
mushroom	el hongo
oak tree	el roble
olive tree	el olivo [la aceituna, la oliva *olive*]
orange tree	el naranjo [la naranja *orange*]
orchid	la orquídea
palm tree	la palmera
peach tree	el melocotonero [el melocotón *peach*] [SP.], el duraznero [el durazno *peach*] [LAT. AM.]
pear tree	el peral [la pera *pear*]
petal	el pétalo
pine cone	la piña
pine tree	el pino
poplar	el álamo
poppy	la amapola
root	la raíz
rose	la rosa
sequoia	la secoya
stem	el tallo
sunflower	el girasol
thorn	la espina
treetop	la copa
trunk	el tronco
tulip	el tulipán
vegetable garden	la huerta
vegetation	la vegetación
violet	la violeta
weeds	la mala hierba, la maleza
weeping willow	el sauce llorón
withered	marchito

Domestic and farm animals

bull	el toro
cat	el gato
chicken	el pollo
cow	la vaca
dog	el perro
donkey	el burro
duck	el pato
goat	la cabra
goose	el ganso
hare	la liebre
hen	la gallina
horse	el caballo
lamb	el cordero
pig	el cerdo, el puerco, el chancho
rabbit	el conejo
rooster	el gallo
sheep	la oveja
turkey	el pavo, el guajolote [MEX.]

Los animales domésticos y de granja

Insects

ant	la hormiga
bee	la abeja
beetle	el escarabajo
bumblebee	el abejorro, el abejón, el moscardón
butterfly	la mariposa
cockroach	la cucaracha
cricket	el grillo
dragonfly	la libélula
firefly	la luciérnaga
flea	la pulga
fly	la mosca
grasshopper	el saltamontes
hornet	el avispón
ladybug	la mariquita, la catarina [MEX.]
lice	los piojos
mosquito	el mosquito
spider	la araña
tick	la garrapata
wasp	la avispa

Los insectos

Wild animals	Los animales salvajes
alpaca	la alpaca
anteater	el oso hormiguero [hormiguero *ant-eating* < la hormiga *ant*]
bear	el oso
bison	el bisonte
buffalo	el búfalo
camel	el camello, el dromedario
cheetah	el guepardo
chimpanzee	el chimpancé
cougar	el puma
coyote	el coyote
deer	el ciervo, el venado
elephant	el elefante
fox	el zorro
gazelle	la gacela
giraffe	la jirafa
gorilla	la gorila
grizzly bear	el oso grizzly
hippopotamus	el hipopótamo
hyena	la hiena
impala	el impala
jaguar	el jaguar
kangaroo	el canguro
koala	la coala
leopard	el gatopardo
lion	el león
llama	la llama
monkey	el mono
mountain lion, cougar	el puma
orangutan	el orangután
panda	el panda
panther	la pantera
polar bear	el oso polar
raccoon	el mapache
rhinoceros	el rinoceronte
seal	la foca
skunk	la mofeta, el zorrillo [MEX.]
tiger	el tigre

vicuna	la vicuña
walrus	la morsa
weasel	la comadreja
wildcat, lynx	el lince
wolf	el lobo
zebra	la cebra

Birds, rodents, fish, and reptiles — Las aves, los roedores, los peces y los reptiles

alligator	el caimán
barracuda	la barracuda
bat	el murciélago
beaver	el castor
bird	el ave [fem.]
blackbird	el mirlo
blue jay	el arrendajo azul
boa constrictor	la (serpiente) boa
cardinal	el cardenal
chipmunk	la ardilla rayada, la ardilla listada
cobra	la cobra
condor	el cóndor
crocodile	el cocodrilo
crow	el cuervo
dolphin	el delfín
dove, pigeon	la paloma
eagle	el águila [fem.]
falcon	el halcón
fish	el pez
flamingo	el flamenco
frog	la rana
goldfinch	el jilguero
guinea pig	el conejillo de Indias
hamster	la marmota, la rata del trigo
hawk	el halcón
hedgehog	el erizo
hummingbird	el colibrí
lizard	la lagartija
magpie	la urraca, la cotorra
mouse	el ratón
orca, killer whale	la orca
ostrich	el avestruz

owl	el búho, la lechuza
parakeet	el perico
parrot	el loro, el papagayo
peacock	el pavo real
pelican	el pelícano
penguin	el pingüino
porcupine	el puercoespín
porpoise	la marsopa
python	el pitón
quail	el codorniz
rat	la rata
rattlesnake	la serpiente de cascabel
reptile	el reptil
robin	el petirrojo
rodent	el roedor
salmon	el salmón
scorpion	el escorpión
shark	el tiburón
snake	la serpiente, la culebra, la víbora
sparrow	el gorrión
squirrel	la ardilla
swallow	la golondrina
swan	el cisne
swordfish	el pez espada
toad	el sapo
toucan	el tucán
tuna	el atún
turtle	la tortuga
viper	la víbora
vulture	el buitre, el zopilote [MEX.]
whale	la ballena
woodpecker	el pájaro carpintero

Paleontology   La paleontología

carnivore	el carnívoro
carnivorous	carnívoro
dinosaur	el dinosaurio
extinct	extinto
fossil	el fósil
fossil remains	los restos fósiles

herbivore	el herbívoro
herbivorous	herbívoro
omnivore	el omnívoro
omnivorous	omnívoro
paleontologist	el paleontólogo / la paleontóloga
skeleton	el esqueleto
the Stone Age	la Edad de Piedra
trace, remains	el vestigio
track	la huella
Tyrannosaurus Rex	el tiranosaurio rex

Para hablar un español auténtico

We try to understand the world around us.	Tratamos de entender el mundo que nos rodea.
We human beings try to discover shapes and patterns in nature.	Nosotros, los seres humanos intentamos descubrir formas y patrones en la naturaleza.
In an ecosystem, interdependent organisms share the same habitat.	En un ecosistema, los organismos interdependientes comparten el mismo hábitat.
The Greeks systematized empirical knowledge.	Los griegos sistematizaron el conocimiento empírico.
The English naturalist Charles Darwin developed the theory of evolution by natural selection.	El naturalista inglés Charles Darwin desarrolló la teoría de la evolución por selección natural.
The blue whale is an endangered species.	La ballena azul es una especie en peligro de extinción / en vías de extinción.

Refranes, expresiones y citas

it smells foul	huele a tigre (oler o > ue)
strong as an ox	fuerte como un toro
to enter the lion's den	meterse en la boca del lobo
to expect the impossible	pedir (e > i) peras al olmo
to feel as fresh as a daisy	estar como una rosa
to feel right at home	estar como el pez en el agua
to fight like cats and dogs	llevarse como el perro y el gato
to fool, to swindle	dar gato por liebre
to have eyes like a hawk	tener ojos de lince

«Las matemáticas son el alfabeto con el cual Dios ha escrito el Universo.»
GALILEO GALILEI

«Ninguna investigación humana puede ser denominada ciencia si no pasa a través de pruebas matemáticas.»
LEONARDO DA VINCI

«Las especies que sobreviven no son las más fuertes, ni las más rápidas, ni las más
inteligentes; sino aquellas que se adaptan mejor al cambio.»
CHARLES DARWIN

«Hay una fuerza motriz más poderosa que el vapor, la electricidad y la energía atómica:
la voluntad.»
ALBERT EINSTEIN

«No fracasé, sólo descubrí 999 maneras de como no hacer una bombilla.»
THOMAS ALVA EDISON

«La ciencia es el alma de la prosperidad de las naciones y la fuente de vida de todo progreso.»
LOUIS PASTEUR

«He sido un niño pequeño que, jugando en la playa, encontraba de tarde en tarde un guijarro más
fino o una concha más bonita de lo normal. El océano de la verdad se extendía, inexplorado, delante
de mí.»
ISAAC NEWTON

«Cambiaría, si pudiera, toda mi tecnología por una tarde con Sócrates.»
STEVE JOBS

«Hay dos cosas infinitas: el Universo y la estupidez humana. Y del Universo no estoy seguro.»
ALBERT EINSTEIN

«Soy de los que piensan que la ciencia tiene una gran belleza. Un científico en su laboratorio no
es sólo un técnico: es también un niño colocado ante fenómenos naturales que le impresionan como
un cuento de hadas.»
MARIE CURIE

Ejercicio 101

Complete each phrase so that it expresses the meaning of the English phrase.

1. *the steamboat*   el barco _____

2. *scientific research*   las _____ científicas

3. *an odd number*   un número _____

4. *the Milky Way*   la Vía _____

5. *the guinea pigs*   los _____ de Indias

6. *the conservation of matter*   la conservación de _____

7. *one atom of oxygen*   _____ de oxígeno

8. *multiplication table*   la tabla _____

9. *It smells foul.*   Huele _____ .

10. *the fossil remains*   los restos _____

11. *empirical knowledge*   el _____ empírico

12. *a rattlesnake*   _____ de cascabel

13. *They entered the lion's den.*   Se metieron en _____ .

14. *the Stone Age*   la Edad _____

15. *human beings*   los _____ humanos

16. *The Earth revolves around the Sun.*   La Tierra _____ del Sol.

17. *the center of gravity*   el centro _____

18. *environmental sciences*   las ciencias _____

19. *He's strong as an ox.*   Es fuerte como _____ .

20. *an endangered species*   una especie _____

Ejercicio 102

Match each item in the first column with the item that is related to it in the second column.

1. _____ pasteurización   a. fósiles

2. _____ veintitrés   b. fisión nuclear

3. _____ paleontología   c. árbol

4. _____ hidrógeno y oxígeno   d. plantas

5. _____ átomo desintegrado   e. granja

6. _____ botánica   f. número impar

7. _____ Mercurio   g. microbios

8. _____ hipotenusa   h. agua

9. _____ ramos y corteza   i. un planeta

10. _____ gallinas   j. ángulo

Ejercicio 103

Choose the item that doesn't belong in each category.

1. a. cebra   b. mono   c. gatopardo   d. hongo   e. jirafa   f. oso
2. a. búho   b. jacinto   c. halcón   d. águila   e. cuervo   f. flamenco
3. a. prueba   b. división   c. ángulo   d. proporción   e. porcentaje   f. brújula
4. a. clavel   b. tulipán   c. mirlo   d. margarita   e. narciso   f. lirio
5. a. desierto   b. mapache   c. cabo   d. colina   e. sierra   f. meseta
6. a. polea   b. gravedad   c. cometa   d. luna   e. eclipse   f. estrella
7. a. hormiga   b. abeja   c. araña   d. escarabajo   e. lagartija   f. mariposa
8. a. álamo   b. roble   c. olmo   d. cisne   e. cedro   f. abedul
9. a. oveja   b. vaca   c. ballena   d. cabra   e. cordero   f. gallina
10. a. oxígeno   b. hierro   c. mercurio   d. hidrógeno   e. hélice   f. radio
11. a. tallo   b. castaña   c. bellota   d. higo   e. piña   f. cereza

Ejercicio 104

Give a noun phrase (definite article + noun) that is related to the verb given.

1. analizar _____   9. resolver _____
2. clasificar _____   10. sumar _____
3. controlar _____   11. extinguir _____
4. descubrir _____   12. observar _____
5. experimentar _____   13. concluir _____
6. cuantificar _____   14. dividir _____
7. conocer _____   15. multiplicar _____
8. probar _____

Ejercicio 105

Unscramble the letters in each item to create the name of flora and fauna introduced in this chapter.

1. alapom _____   6. rutoatg _____
2. épiscr _____   7. tanrape _____
3. dlralai _____   8. duaeríqo _____
4. liosgar _____   9. biórntu _____
5. amácin _____   10. vlleca _____

Ejercicio 106

Respond in Spanish with the list or description specified for each of the following situations.

1. **Ud. es científico/científica.** Choose a field—biology, botany, chemistry, geography, paleontology, physics, or zoology—and describe what you do; where you work; what you research, analyze, quantify, or classify; what methods you use; and what experiments you carry out. State three questions you hope to answer through your research.

_____

_____

_____

_____

2. **Inventos y descubrimientos.** This chapter listed many great inventions and discoveries, but the list is hardly exhaustive. What would you add to the list? In Spanish, list ten or more inventions and/or discoveries you think are important. Identify as many innovators as you can.

_____

_____

_____

_____

_____

_____

Ejercicio 107

Translate the following sentences into Spanish.

1. _The researchers use the scientific method to test their hypothesis._

_____

_____

2. _The biochemist does the experiment, observing and analyzing the results, in order to arrive at a conclusion._

_____

_____

3. _The children already know how to add and subtract, and now they are learning to multiply and divide._

_____

_____

4. The team of microbiologists and pathologists is researching microorganisms.

_____

_____

5. Benjamin Franklin used a kite and a key in the experiment that led him to invent the lightning rod.

_____

_____

6. On the topographical map you see the terrain: oceans, mountain ranges, plateaus, and valleys.

_____

_____

7. The planets closest to the sun are Mercury, Venus, and Earth.

_____

_____

8. The paleontologists found fossils and dinosaur tracks.

_____

9. The Indian elephant is an endangered species.

_____

10. There are many maple, oak, elm, and poplar trees all around us.

_____

_____

11. We brought them tulips, irises, and carnations from our garden.

_____

_____

12. When they were on safari (de safari) they saw lions, giraffes, chimpanzees, zebras, leopards, and rhinoceroses.

_____

_____

13. Do you (Uds.) have horses, sheep, and goats on the farm?

_____

14. Thomas Alva Edison invented the electric lightbulb, the phonograph, and the alkaline (alcalina) battery.

_____

_____

Appendix

Cardinal numbers

0	cero	31	treinta y uno (una)
1	uno (una)	32	treinta y dos
2	dos	40	cuarenta
3	tres	50	cincuenta
4	cuatro	60	sesenta
5	cinco	70	setenta
6	seis	80	ochenta
7	siete	90	noventa
8	ocho	100	cien
9	nueve	101	ciento uno (una)
10	diez	110	ciento diez
11	once	167	ciento sesenta y siete
12	doce	200	doscientos/doscientas
13	trece	300	trescientos/trescientas
14	catorce	400	cuatrocientos/cuatrocientas
15	quince	500	quinientos/quinientas
16	dieciséis	600	seiscientos/seiscientas
17	diecisiete	700	setecientos/setecientas
18	dieciocho	800	ochocientos/ochocientas
19	diecinueve	900	novecientos/novecientas
20	veinte	1.000	mil
21	veintiuno (-una)	2.000	dos mil
22	veintidós	6.572	seis mil quinientos setenta y dos
23	veintitrés	10.000	diez mil
24	veinticuatro	100.000	cien mil
25	veinticinco	250.000	doscientos cincuenta mil
26	veintiséis	1.000.000	un millón
27	veintisiete	2.000.000	dos millones
28	veintiocho	1.000.000.000	mil millones
29	veintinueve	1.000.000.000.000	un billón
30	treinta		

- Numbers ending in *one* agree with the noun that follows. **Uno** and all numbers ending in **uno** shorten to **un** before a masculine noun. The number **veintiún** has a written accent in the masculine: **veintiún dólares, veintiuna computadoras, cincuenta y un días, ochenta y una directoras.**
- **Una** shortens to **un** before a noun beginning with a stressed **a** sound: **un águila, treinta y un aulas.**
- Numbers ending in **uno** are used in counting and when no masculine noun follows directly: **Tenía cuarenta y dos dólares y ahora tengo cuarenta y uno.**
- The numbers from sixteen to nineteen and from twenty-one to twenty-nine can be written as three words: **diez y seis, diez y siete, diez y ocho, diez y nueve, veinte y uno/a, veinte y dos, veinte y tres.** No accent marks are used when these numbers are spelled as three words.
- **Cien** becomes **ciento** before another number: **ciento cincuenta.**
- Spanish does not use **y** to connect hundreds to tens or ones the way English often uses the word *and*: **trescientos ochenta** *three hundred and eighty.*
- The hundreds from two hundred to nine hundred agree in gender with the noun they modify. There is agreement even when other numbers come between the hundreds and the noun: **quinientos apartamentos, quinientas casas, quinientas cuarenta y siete casas.**
- The masculine plural is used when the same number counts both masculine and feminine nouns: **doscientos carpetas y archivos.**
- Numerals ending in **-cientos** agree across the word **mil**: **setecientas cincuenta mil empresas** *750,000 companies.*
- Spanish does not count by hundreds above 1,000: **tres mil doscientos** *thirty-two hundred.*
- **Millón** is a noun and is followed by **de** when it appears before another noun, unless another number comes between **millón** and the noun that follows it: **un millón de dólares, dos millones de dólares, un millón doscientos mil pesos.**
- Spanish uses the period to separate thousands in writing numbers, and the comma is used as a decimal point: **9.672** *9,672;* **$5,84** *$5.84.*
- The Spanish word **o** is written **ó** between numerical figures to avoid confusion with zero: **10 ó 12.**

Ordinal Numbers

first	primero/a	*sixth*	sexto/a
second	segundo/a	*seventh*	séptimo/a
third	tercero/a	*eighth*	octavo/a
fourth	cuarto/a	*ninth*	noveno/a
fifth	quinto/a	*tenth*	décimo/a

- Spanish ordinal numbers are adjectives that agree with the noun they modify in gender and number. They usually precede the noun. **Primero** and **tercero** become **primer** and **tercer** before a masculine singular noun: **el primer año, la segunda reunión, el tercer hijo, la novena sinfonía.**
- Above *tenth*, Spanish generally uses the cardinal numbers after the noun instead of the ordinals. Sometimes the cardinal numbers are used even below *tenth*: **el piso veinte, el capítulo siete.**
- For dates, Spanish uses cardinal numbers except for **el primero**: **el primero de mayo** (also, **el uno**).

Answer key

Ejercicio 1

1. una tienda de ropa, una tienda por/de departamentos   2. una farmacia   3. una gasolinera   4. un correo
5. una librería   6. una tienda de cómputo, una tienda de útiles de oficina   7. una joyería   8. una tienda de
frutas, una frutería   9. un quiosco/kiosco   10. una florería   11. una óptica   12. una ferretería   13. una tienda
de cosmética / una perfumería   14. una panadería   15. una mueblería

Ejercicio 2

Answers will vary.

Ejercicio 3

1. c   2. c   3. b   4. a   5. d   6. c   7. a   8. b   9. d   10. a

Ejercicio 4

1. a   2. c   3. a   4. b   5. b   6. c   7. a   8. b

Ejercicio 5

1. a   2. g   3. f   4. j   5. e   6. b   7. i   8. c   9. d   10. h

Ejercicio 6

Answers will vary.

Ejercicio 7

1. ¿Dónde quedan los teatros y la sala de conciertos?   2. El centro de artes escénicas queda en el casco antiguo.
3. ¿Qué hay en la cartera?   4. Hay dinero y una licencia de manejar.   5. ¿Hay una florería aquí cerca? (Yo) no
conozco el barrio.   6. La heladería está enfrente del cine.   7. La Bolsa de Valores está a la vuelta de la esquina.
8. ¿No hay una estación de metro por aquí?   9. Necesitamos un plano de la ciudad porque no conocemos el
centro.   10. La tienda por/de departamentos y la joyería están en el centro comercial.   11. Si quieres comprar
estampillas, el correo está al lado.   12. Salen del edificio de apartamentos y doblan a la derecha.

Ejercicio 8

1. de diamantes   2. claro   3. costura   4. con pliegues   5. de tacón alto   6. trasero   7. larga   8. vaqueros
9. alto   10. marino

Ejercicio 9

1. c   2. a   3. b   4. b   5. d   6. a   7. c   8. d   9. b   10. c

Ejercicio 10

1. b   2. h   3. e   4. a   5. g   6. d   7. c   8. f   9. i

Ejercicio 11

1. camisa 2. cartera 3. traje 4. pulsera 5. vestido 6. bolsa 7. gorro 8. reloj 9. cierre 10. sortija

Ejercicio 12

Answers will vary.

Ejercicio 13

1. Tengo que comprar un par de zapatos de vestir. 2. ¿Se venden bufandas de algodón? 3. (Él) busca un traje de lana negro. 4. (Ella) prefiere llevar una falda larga. 5. Quiero comprar un abrigo azul marino con cinturón. 6. Esa corbata verde no hace juego con la camisa amarilla. 7. Me gustan esos collares de diamantes. 8. Estos pantalones no le quedan bien. ¿Cuál es su talla? 9. Nos gustan estos aretes de oro. 10. Lleva un suéter rojo de cuello alto. 11. ¿Te gustaría ir a mirar escaparates? 12. Toda la ropa de alta costura está de rebajas. 13. Se prueba un vestido de terciopelo en el probador. 14. Lleva una sudadera y un abrigo porque hace frío.

Ejercicio 14

Frutas 1. albaricoque 2. cereza 3. ciruela 4. fresa 5. sandía
Legumbres 1. aguacate 2. calabaza 3. guisante 4. lechuga 5. zanahoria
Carnes 1. chorizo 2. cordero 3. rosbif 4. ternera 5. tocino
Pescados 1. atún 2. bacalao 3. lenguado 4. merluza 5. salmón
Aves 1. pato 2. pavo 3. pollo
Especias 1. albahaca 2. azafrán 3. canela 4. cilantro 5. tomillo

Ejercicio 15

Answers will vary.

Ejercicio 16

1. c 2. b 3. d 4. a 5. b 6. d 7. a 8. c 9. b 10. d

Ejercicio 17

1. a régimen 2. como un pajarito 3. provecho 4. la compra 5. la boca 6. a los dulces 7. no hay pan duro 8. a freír espárragos 9. de huevo 10. de cacahuate

Ejercicio 18

1. salchicha 2. durazno 3. aguacate 4. langosta 5. lechuga 6. cordero 7. fiambres 8. aceite 9. canela 10. pastel

Ejercicio 19

1. Vamos a servir vino con el cocido. 2. Las hierbas y las especias le dan sabor a la comida. 3. (Ella) prefiere la comida sin grasa porque está a régimen. 4. Las albóndigas tienen buena pinta. 5. ¡Qué bien huele el arroz con pollo! 6. De postre, voy a pedir la torta y el helado de chocolate. 7. Hay fresas y cerezas frescas en la cesta. 8. ¿Le gustaría probar la sopa de pollo? 9. El plato está bueno pero demasiado picante. 10. Me encantan estos quesos. 11. El lenguado frito está rico. 12. Tienes que aderezar la ensalada. 13. Tengo hambre. Vamos a merendar. 14. Nos gusta el pescado pero no nos gustan los mariscos. 15. Tienen alergia a los productos lácteos.

Ejercicio 20

1. d 2. h 3. f 4. a 5. j 6. c 7. i 8. e 9. b 10. g

Ejercicio 21

1. b   2. c   3. a   4. d   5. d   6. c   7. a   8. b   9. c   10. d

Ejercicio 22

1. de piedra   2. fundida   3. de música   4. de cocina   5. tapado   6. doble   7. acogedor   8. de invitados
9. inmobiliaria   10. de baño   11. interior   12. de cuarto

Ejercicio 23

1. la cafetera   2. el jardinero, la jardinería   3. el pintor, la pintura   4. el ropero   5. el dormitorio   6. el salero
7. el trabajador   8. la cochera   9. la tetera   10. el pimentero   11. el comedor   12. la secadora, el secarropas
13. el techador   14. la cocina   15. la renta   16. el lavabo, el lavamanos, el lavarropas   17. las reparaciones
18. el congelador   19. cerradura   20. la compra

Ejercicio 24

Answers will vary.

Ejercicio 25

1. Aquellas casas son de ladrillos.   2. Nuestra casa tiene cuatro dormitorios y tres cuartos de baño.
3. La cocina está a la derecha y el comedor está a la izquierda.   4. Piensan comprar una casa de campo.
5. Vivíamos en un apartamento y ahora vivimos en una hacienda.   6. Necesito un martillo, un destornillador,
clavos, tornillos y madera para reparar las puertas.   7. Ponga los platos, los vasos y las servilletas en la mesa.
8. El plomero viene porque el inodoro no funciona.   9. Tenemos un hogar tranquilo y cómodo.   10. Piensan
comprar muebles para el cuarto de invitados.   11. El desagüe de la cocina está tapado.   12. Nos interesa el
bricolaje como la carpintería.   13. Me gusta regar las plantas pero no me gusta cortar el césped.   14. Le toca
a él pasar la aspiradora y le toca a ella limpiar el polvo.

Ejercicio 26

1. e   2. g   3. c   4. i   5. a   6. d   7. h   8. b   9. f   10. j

Ejercicio 27

1. en equipo   2. libre empresa   3. campaña   4. nuestro asesor   5. dispositivos   6. la oferta   7. el impuesto
8. de tecnología informática   9. la tasa   10. la junta   11. corriente   12. sin fines de lucro   13. mis metas
14. de datos   15. los bienes   16. una bolsa

Ejercicio 28

1. asistir   2. elaborar   3. lanzar   4. contratar   5. quedar   6. crear   7. estar   8. promover   9. endosar
10. invertir   11. ganar   12. hacer

Ejercicio 29

1. web   2. de memoria   3. corriente   4. electrónico   5. de oficina   6. anónima   7. y ganancias   8. de opinión
9. del riesgo   10. de acciones   11. gubernamental   12. del mercado

Ejercicio 30

Answers will vary.

Ejercicio 31

1. Es necesario hacer una copia de seguridad. 2. Voy a entrar en línea para navegar por Internet. 3. Tenemos que recopilar los datos para crear una base de datos. 4. El director ejecutivo y el director financiero asistieron a la reunión. 5. (Él) endosó los cheques y los cobró en seguida. 6. La agencia publicitaria lanza una campaña para promocionar el nuevo producto. 7. Acaba de retirar dinero de su cuenta de ahorros. 8. ¿Cuáles son sus metas a largo plazo? 9. Le dieron un buen puesto en la empresa. 10. Me mantengo en contacto con mis amigos a través de los medios sociales. 11. El costo de la vida es muy alto. 12. ¿(Uds.) invierten mucho dinero en la bolsa de valores?

Ejercicio 32

1. sin escala 2. Qué tiempo 3. Juegan 4. de embarque 5. el primer 6. Está 7. de ida y vuelta 8. lloviendo
9. de pasillo 10. agotador 11. Hace 12. la tercera 13. el viernes 14. en diciembre 15. de seguridad
16. templado y seco 17. el Sudoeste/Suroeste 18. facturar el equipaje

Ejercicio 33

Answers will vary.

Ejercicio 34

Answers will vary.

Ejercicio 35

Answers will vary.

Ejercicio 36

1. abordar 2. ir 3. jugar 4. sacar 5. pasar 6. dar 7. hacer 8. abrocharse 9. tomar 10. perder 11. ser
12. hacer

Ejercicio 37

1. el viaje 2. la vuelta 3. el paseo 4. el aterrizaje 5. el recorrido 6. la lluvia 7. la visita 8. el juego
9. el crucero 10. la nieve 11. el despegue 12. el vuelo 13. el embarque 14. el control 15. la caminata
16. la ida

Ejercicio 38

1. horario 2. partido 3. invierno 4. extranjero 5. segundo 6. febrero 7. nordeste 8. domingo

Ejercicio 39

1. vacaciones 2. viajan 3. billetes 4. toman 5. aeropuerto 6. las tarjetas de embarque 7. facturan
8. el control de seguridad 9. los pasaportes 10. suben 11. el vuelo 12. se abrochan 13. el despegue
14. escala 15. inolvidable

Ejercicio 40

1. Hice las maletas y tomé un taxi al aeropuerto. 2. Ud. tiene que mostrar la tarjeta de embarque y el pasaporte en el control de seguridad. 3. Compraron billetes de ida y vuelta. 4. Los pasajeros no han bajado del avión. 5. El vuelo ha sido cancelado por la tempestad. 6. Fue un viaje agotador pero muy emocionante. 7. ¿Qué tiempo hace? Hace fresco y está nublado y llueve. 8. ¿Piensas hacer un viaje en carro por el Sudoeste? 9. Salimos para el campo el lunes y regresamos el jueves. 10. Hace sol y calor. ¿Por qué no pasamos el día en la costa? 11. Voy a estar en el extranjero todo el verano. 12. En su tiempo libre, les gusta pasear a su perro. 13. ¿(Uds.) juegan al ajedrez? 14. Es el quinto día de los partidos de tenis. 15. Soy aficionado/aficionada al arte.

Ejercicio 41

1. de dientes 2. la facultad 3. Se hace 4. para los labios 5. a clase 6. la educación 7. para el cabello
8. especializarse 9. hacerse / llegar a ser 10. un lector 11. una beca 12. aprobar 13. cuidarse 14. casarse
15. el hilo

Ejercicio 42

1. f 2. h 3. b 4. i 5. c 6. d 7. j 8. a 9. g 10. e

Ejercicio 43

1. limarse 2. despedirse 3. lavarse 4. cortarse 5. aprovecharse 6. hacerse 7. divorciarse 8. preocuparse
9. mudarse 10. acatarrarse

Ejercicio 44

Answers will vary.

Ejercicio 45

1. cepillo 2. facultad 3. resfriado 4. enojado 5. comprensivo 6. bachillerato 7. cortaúñas 8. cuaderno
9. derecho 10. diente

Ejercicio 46

1. Les gusta acostarse tarde y despertarse temprano. 2. Va a lavarse el pelo con este champú.
3. Los estudiantes acaban de matricularse en la facultad de bellas artes. 4. Los alumnos tienen que asistir
a clase todos los días. No deben faltar a clase. 5. Piensa reunirse con sus amigos. 6. Me interesa más la
literatura. Voy a solicitar una beca para estudiar en la facultad de filosofía y letras. 7. (Él) se levanta,
se cepilla los dientes, se ducha, se afeita y se viste. 8. La profesora Arriaga es erudita y exigente, y también
muy simpática. 9. Estudió en la facultad de derecho y se hizo abogado. 10. Vamos a divertirnos mucho en
la fiesta. 11. (Ud.) debe cuidarse. Si no, va a enfermarse. 12. ¿Cuándo piensan mudarse a su casa de ensueño?

Ejercicio 47

1. del juicio 2. auxilios 3. acatarrado/resfriado 4. una picadura 5. de espalda 6. de muñeca 7. equilibrada
8. por los codos 9. con propósito 10. pelos en la lengua 11. enyesada 12. un malestar 13. A lo hecho
14. el sarro, el tártaro 15. Más vale la salud

Ejercicio 48

1. padecer 2. auscultar 3. sentirse 4. tomar 5. hacer 6. aumentar 7. andar 8. dejar 9. rellenar
10. prevenir 11. enjuagar 12. costar

Ejercicio 49

1. para la tos 2. tapada 3. de garganta 4. embarazada 5. la nariz 6. de tobillo 7. y carne 8. los oídos
9. por causas naturales 10. con el oftalmólogo

Ejercicio 50

Answers will vary.

Ejercicio 51

1. un médico de familia, un médico general 2. un oftalmólogo 3. un obstetra 4. un pediatra
5. un cardiólogo 6. un dermatólogo 7. un psiquiatra 8. un dentista 9. un internista 10. un cirujano
11. un dermatólogo 12. un dentista

Ejercicio 52

1. espalda 2. rodilla 3. cerebro 4. hombro 5. pulmón 6. lengua 7. muñeca 8. hueso 9. mejilla
10. sangre

Ejercicio 53

1. Voy al médico porque me duele la espalda. / Voy al médico porque tengo dolor de espalda. 2. ¿Cuáles son sus síntomas? 3. No me siento bien. Tengo dolor de estómago y náuseas. 4. El médico le dio un antibiótico porque tiene una infección. 5. Le sangran las encías. Debe ir al dentista. 6. ¿Cómo te rompiste la nariz? / ¿Cómo se te rompió la nariz? 7. Los paramédicos tratan a los accidentados en la ambulancia. 8. ¿Te lastimaste la muñeca? 9. Sí, se me torció. 10. El pediatra acaba de vacunar al niño. 11. José Luis usa muletas porque se le quebró la pierna. 12. No tienen pelos en la lengua y hablan por los codos. 13. ¿Qué se puede hacer para llevar una vida sana? 14. Yo trato de seguir una dieta equilibrada y reducir el estrés.

Ejercicio 54

1. mi prima 2. mi abuela 3. mi yerno 4. mis bisabuelos 5. mi hijastro 6. mi cuñada 7. gemelos 8. mi tío
9. mis suegros 10. los sobrinos 11. la hermana mayor 12. mis nietas

Ejercicio 55

1. lejanos 2. estado 3. gemela 4. años 5. numerosa 6. dos gotas de agua 7. la parentela 8. presumida, egoísta 9. rara 10. estrecho 11. cuñados 12. alto, moreno y guapo 13. La sangre 14. medio 15. los ojos

Ejercicio 56

1. segundo 2. menor 3. superiores 4. novios 5. huérfano 6. bebé 7. primo 8. edad 9. páginas 10. cuna

Ejercicio 57

Answers will vary.

Ejercicio 58

Answers will vary.

Ejercicio 59

1. c 2. g 3. m 4. a 5. j 6. e 7. o 8. h 9. b 10. l 11. i 12. d 13. p 14. f 15. k 16. n

Ejercicio 60

1. abuela 2. padres 3. cuñado 4. primos 5. yerno 6. madrina 7. ahijados 8. prometida 9. suegros
10. marido 11. hermanas 12. sobrino

Ejercicio 61

1. Quiero presentarte a mis padres. 2. Va a conocer a mis tíos en la fiesta. 3. Los padrinos quieren mucho a sus ahijados. 4. Roberto y Raquel Fernández tienen una familia unida y cariñosa. 5. Su hija Elena y su yerno Andrés tienen un bebé de dos meses. 6. Su hijo Antonio está comprometido. 7. Su hijo menor Eduardo tiene veintidós años. 8. Ana es trabajadora, generosa y encantadora. Su hermano gemelo es perezoso, egoísta y molesto. 9. Rebeca rompió con su novio porque él tiene miedo al compromiso. 10. ¿Cómo es tu prima hermana? 11. Es morena, baja, delgada y muy bonita. 12. Mis hermanos y yo tenemos los ojos azules.

Ejercicio 62

1. viento de madera 2. una obra 3. en punto 4. disponibles 5. vanguardista 6. sonido 7. a escena
8. el estreno 9. al óleo 10. viento de metal 11. las bellas 12. el director 13. estas estrellas 14. de la noche
15. la naturaleza 16. extranjeras 17. agotados 18. de taquilla 19. un guión 20. La edad de oro

Ejercicio 63

1. tocar 2. dirigir 3. entrar 4. poner 5. representar 6. ganar 7. hacer 8. doblar 9. estrenar 10. pintar
11. abrir 12. comenzar 13. rodar 14. aplaudir

Ejercicio 64

1. trompeta 2. oboe 3. violín 4. percusión 5. flauta 6. violonchelo 7. clarinete 8. trombón 9. piccolo
10. fagot

Ejercicio 65

1. el bailarín 2. la entrada 3. la grabación, el grabado 4. el aplauso 5. el actor, el acto, la actuación
6. el/la intérprete, la interpretación 7. el dibujo 8. el pintor / la pintora, la pintura 9. el director
10. el escultor / la escultora, la escultura 11. el ensayo 12. el estreno

Ejercicio 66

Answers will vary.

Ejercicio 67

1. la orquesta 2. la galería 3. la cerámica 4. el prodigio 5. el balcón 6. la tragedia 7. la melodía
8. el/la protagonista 9. el concierto 10. el/la guitarrista 11. el teatro 12. el diálogo 13. el curador
14. la paleta 15. el fotógrafo

Ejercicio 68

1. g 2. d 3. a 4. i 5. b 6. c 7. l 8. j 9. e 10. k 11. f 12. h

Ejercicio 69

1. ¿Sabes tocar el piano? 2. El público aplaudió y pidió un bis. 3. Los actores van a empezar el ensayo a
la una y media. 4. Vamos a ver la obra de teatro mañana por la noche. 5. ¿A qué hora cierra la taquilla?
6. ¿Hay boletos disponibles para la función de las nueve? 7. El espectáculo es un exitazo de taquilla; hace tres
años que está en cartelera. 8. A los entendidos en arte les gustan estos cuadros abstractos. 9. Ruedan una
película en nuestra ciudad. 10. La orquesta estrenó la sinfonía anoche. Es innovadora pero accesible.
11. Me gusta pintar paisajes, retratos y bodegones. 12. Hay una exhibición de mis cuadros en la Galería de
arte Goya.

Ejercicio 70

1. origen inglés 2. de noticias 3. no entran moscas 4. quincenal 5. el seguro 6. de gobierno 7. Oriente
8. de tiempo completo 9. de habla española, hispanohablante 10. el dominio 11. Cuál es la capital
12. economista 13. el convenio colectivo 14. jubilado 15. De qué ciudad

Ejercicio 71

1. española 2. guatemalteco 3. japoneses 4. israelíes 5. belga 6. polacos 7. tailandés 8. india/hindú
9. iraní 10. nicaragüense 11. alemanas 12. marroquí 13. norteamericanos/estadounidenses 14. vietnamita
15. puertorriqueño

Ejercicio 72

1. Inglaterra 2. Dinamarca 3. los Estados Unidos 4. Panamá 5. Hungría 6. Sudáfrica 7. (la) Argentina
8. Austria 9. Francia 10. Corea del Sur

Ejercicio 73

1. el español 2. el persa 3. el árabe 4. el checo 5. el alemán 6. el pashto 7. el tailandés 8. el portugués
9. el inglés y el francés 10. el hebreo

Ejercicio 74

1. f 2. c 3. l 4. b 5. h 6. a 7. k 8. g 9. e 10. i 11. j 12. d

Ejercicio 75

1. capacita 2. recibe 3. traslada 4. muere 5. firma 6. exige 7. es 8. se jubila 9. despide 10. está

Ejercicio 76

Answers will vary.

Ejercicio 77

1. El gerente piensa contratar a dos contables. 2. Los obreros exigen vacaciones pagadas y el seguro por invalidez. 3. Si la empresa no firma el convenio colectivo de trabajo, el sindicato va a hacer huelga.
4. La compañía despidió a doscientos empleados y trasladó a otros trescientos. 5. Los físicos y los químicos trabajan juntos en el laboratorio. 6. Jorge es juez y su esposa es periodista. 7. Ella es francesa, de origen inglés y español. 8. Juan es de (la) Suiza. Habla alemán, francés, italiano y retorrománico. 9. ¿Cómo se llama esa actriz finlandesa? 10. ¿De qué país hispanohablante son? 11. Quieren hacerse ciudadanos estadounidenses. 12. ¿Tiene buen dominio del chino?

Ejercicio 78

1. la Bandera 2. de cumpleaños 3. Acción de Gracias 4. la entrega 5. de negocios 6. se enamoraron
7. de bienvenida 8. los Reyes Magos 9. anillo 10. del gallo 11. Buena 12. benéfica 13. del santo
14. un ramo 15. la despedida 16. de miel 17. Santa 18. artificiales 19. Cristóbal Colón 20. recién

Ejercicio 79

1. c 2. h 3. f 4. a 5. i 6. b 7. d 8. j 9. e 10. g

Ejercicio 80

1. asistí 2. brindamos 3. invitaron 4. cantaron 5. lanzó 6. chocaron 7. se casó 8. emparentó
9. organicé 10. irrumpieron

Ejercicio 81

1. Día de Año Nuevo, Día/Natalicio de Martin Luther King 2. Día de los Presidentes, Día de San Valentín
3. Día de San Patricio 4. Día de la Madre, Día de los Caídos 5. Día del Padre, Día de la Bandera 6. Día de la Independencia 7. Día del Trabajo 8. Víspera del Día de los Muertos 9. Día de Acción de Gracias, Día de los Veteranos 10. Navidad, Noche Vieja, Víspera de Año Nuevo

Ejercicio 82

1. abril 2. enero 3. octubre 4. noviembre 5. diciembre 6. diciembre

Ejercicio 83

1. el amor 2. el regalo 3. el organizador / la organizadora 4. el brindis 5. el/la pariente 6. la fiesta, el festival, el festejo 7. la despedida 8. la jubilación 9. el trago 10. el compromiso 11. la celebración
12. el cumpleaños, el cumpleañero 13. el recuerdo 14. el casamiento 15. la bebida 16. el trago

Ejercicio 84

Answers will vary.

Ejercicio 85

1. Isabel cumplió veintitrés años el sábado. 2. Le dimos una fiesta de cumpleaños sorpresa. 3. La cumpleañera pidió un deseo y sopló las velas en la torta. 4. Todos le cantamos "Feliz cumpleaños," chocamos las copas e hicimos un brindis. 5. Sofía y Mateo se enamoraron, se comprometieron y se casaron. 6. La novia lanzó el ramo de novia. 7. Nuestros amigos españoles quieren que pasemos la Semana Santa con ellos en Madrid. 8. Piensan celebrar la Navidad en México. 9. ¿Se divirtieron en la fiesta de Noche Vieja? 10. La celebración del Día de la Independencia terminó con un desfile y fuegos artificiales.

Ejercicio 86

1. las ramas 2. enmiendas 3. de ley 4. el alcalde 5. tesoro 6. del sondeo / de la encuesta 7. en la Marina 8. un mandato 9. con derecho al voto 10. al cargo 11. las elecciones 12. el partido 13. los trámites 14. ciertos derechos 15. de derecho 16. disputada 17. de prensa 18. vitalicio 19. la búsqueda 20. todos los ciudadanos

Ejercicio 87

1. la constitución 2. el servicio militar 3. una decisión 4. una moción 5. una encuesta 6. para votar 7. en la marina 8. un crimen 9. al cargo 10. al matón

Ejercicio 88

1. comparten 2. contaron 3. sobornó 4. renunció 5. defienda 6. condujeron 7. pospusieron 8. se reúne 9. cometían 10. apoyo

Ejercicio 89

1. el poder 2. el espíritu 3. el consentimiento 4. la contaminación 5. el departamento 6. la trata 7. la monarquía 8. la libertad 9. el cuerpo 10. el golpe 11. la propuesta 12. la corte

Ejercicio 90

1. c 2. d 3. a 4. a 5. b 6. c 7. b 8. d 9. a 10. c

Ejercicio 91

Answers will vary.

Ejercicio 92

1. En el Congreso hay el Senado y la Cámara de Representantes. 2. El presidente es elegido para un mandato de cuatro años y puede ser reelegido para un segundo mandato. 3. Winston Churchill ocupó el cargo de primer ministro por ocho años. 4. La Constitución garantiza la libertad de expresión, la libertad de religión y la libertad de prensa. 5. Él fue general en el ejército y sirvió a su patria por muchos años. 6. Los representantes pospusieron la moción y adoptaron el proyecto de ley. 7. Echaron al caudillo latinoamericano del poder en un golpe de estado. 8. Los ciudadanos están en contra de la intromisión del gobierno en la vida privada. 9. No sólo se oponen a nuevos impuestos sino a la revocación de la ley. 10. Hay escándalos y desenfrenada corrupción en el gobierno municipal. 11. Las elecciones serán el martes. ¡Regístrense para votar! 12. Los partidos políticos llevaron a cabo unos sondeos que influyeron en los resultados de las elecciones.

Ejercicio 93

1. un cuento 2. de consulta 3. la novela 4. un taller 5. el significado 6. los matices 7. el abecedario/alfabeto 8. los recursos 9. de oraciones 10. la Tierra 11. budista 12. monoteístas 13. albedrío 14. perdonar es divino 15. y el mal 16. motor 17. Dios te bendiga 18. de escritura 19. de vista 20. del conocimiento

Ejercicio 94

1. d 2. j 3. e 4. h 5. b 6. i 7. a 8. c 9. f 10. g

Ejercicio 95

1. c 2. e 3. b 4. c 5. a 6. e 7. b 8. d

Ejercicio 96

1. se transmite 2. captó 3. bendiga 4. reflexiones 5. adoran 6. confiesa 7. se practican 8. pronunciaré 9. rezan 10. participes

Ejercicio 97

1. la comprensión 2. el perdón 3. el significado 4. la oración 5. la razón 6. la confesión 7. el bautizo 8. la creencia 9. la existencia 10. el pecado 11. el cuento 12. la comunión 13. el pensamiento 14. el conocimiento 15. la expresión

Ejercicio 98

1. drama 2. imágenes 3. literato 4. argumento 5. sátira 6. biógrafo 7. desenlace 8. mitología 9. personaje 10. cuentista 11. mensaje 12. semántica

Ejercicio 99

Answers will vary.

Ejercicio 100

1. A los miembros del grupo de lectura les gusta leer novelas históricas y cuentos cortos. 2. Participamos en un taller de poesía y asistimos a conferencias dadas por poetas famosos. 3. El lenguaje de este autor es ambiguo e incomprensible. 4. Él tiene un punto de vista pragmático y cínico. 5. Muchos seres humanos piensan en el misterio de la vida y tratan de comprender la razón de nuestra existencia. 6. Espero que capten los matices del discurso. 7. La gran mayoría de los mexicanos son católicos pero México no tiene religión oficial. 8. La Catedral de Sevilla, una iglesia gótica, es una de las diez iglesias más grandes del mundo. 9. El rabino y su congregación rezan en la sinagoga. 10. El luteranismo y el metodismo son denominaciones del protestantismo.

Ejercicio 101

1. de vapor 2. investigaciones 3. impar/non 4. Láctea 5. conejillos 6. la materia 7. un átomo 8. de multiplicar 9. a tigre 10. fósiles 11. conocimiento 12. una serpiente 13. la boca del lobo 14. de Piedra 15. seres 16. gira alrededor 17. de gravedad 18. ambientales 19. un toro 20. en peligro de extinción / en vías de extinción

Ejercicio 102

1. g 2. f 3. a 4. h 5. b 6. d 7. i 8. j 9. c 10. e

Ejercicio 103

1. d 2. b 3. f 4. c 5. b 6. a 7. e 8. d 9. c 10. e 11. a

Ejercicio 104

1. el análisis 2. la clasificación 3. el control 4. el descubrimiento 5. el experimento 6. la cuantificación
7. el conocimiento 8. la prueba 9. la resolución 10. la suma 11. la extinción 12. la observación
13. la conclusión 14. la división 15. la multiplicación

Ejercicio 105

1. paloma 2. ciprés 3. ardilla 4. girasol 5. caimán 6. tortuga 7. pantera 8. orquídea 9. tiburón
10. clavel

Ejercicio 106

Answers will vary.

Ejercicio 107

1. Los investigadores usan el método científico para probar su hipótesis. 2. El bioquímico hace el experimento observando y analizando los resultados para llegar a una conclusión. 3. Los niños ya saben sumar y restar y ahora aprenden a multiplicar y dividir. 4. El equipo de microbiólogos y patólogos hace investigaciones sobre unos microorganismos. 5. Benjamin Franklin usó una cometa y una llave en el experimento que lo llevó a inventar el pararrayos. 6. En el mapa topográfico se ve el terreno: los océanos, las sierras, las mesetas y los valles. 7. Los planetas más cercanos al Sol son Mercurio, Venus y la Tierra. 8. Los paleontólogos encontraron fósiles y huellas de dinosaurio. 9. El elefante indio está en peligro de extinción. 10. Nos rodean muchos arces, robles, olmos y álamos. 11. Les trajimos tulipanes, lirios y claveles de nuestro jardín. 12. Cuando estaban de safari vieron leones, jirafas, chimpancés, cebras, gatopardos y rinocerontes. 13. ¿Tienen caballos, ovejas y cabras en la granja? 14. Thomas Alva Edison inventó la bombilla eléctrica, el tocadiscos y la pila alcalina.

About the authors

Ronni L. Gordon, PhD, is a prominent author of foreign language textbooks, reference books, and multimedia courses. She is vice president of Mediatheque Publishers Services, a leader in the development of foreign language instructional materials. She holds a PhD in Spanish language and Spanish and Spanish American literature from Rutgers University, and has taught and coordinated Spanish language programs and taught Latin American literature at Harvard University, Boston University, and Drexel University. A foreign language consultant, she has read for the National Endowment for the Humanities, presented at the United States Department of Education, consulted on states' K–12 academic standards for world languages, and presented at conferences on Spanish American literature and foreign language instruction. She is an associate scholar of a Philadelphia-based think tank and is chairman of the board of directors of Dolce Suono Ensemble.

David M. Stillman, PhD, is a well-known writer of foreign language textbooks, reference books, and multimedia courses. He is president of Mediatheque Publishers Services, a leader in the development of foreign language instructional materials. He holds a PhD in Spanish linguistics from the University of Illinois, and has taught and coordinated foreign language programs at Boston University, Harvard University, and Cornell University. He is on the faculty of The College of New Jersey, where he teaches French, Spanish, Italian, and linguistics and coordinates an innovative program of student-led conversation practice. He is a frequent presenter at national and regional conventions of language educators, has consulted on states' K–12 academic standards for world languages, and has been appointed to national committees devoted to the improvement of teacher training.

Ronni L. Gordon and David M. Stillman are the authors of the acclaimed *The Ultimate Spanish Review and Practice* and *The Ultimate French Review and Practice*.